KEREMA EL CHRISTA

NOW
FOR ME, FOR US, FOR YOU!

novum pro

Dieses Buch ist auch als
e-book
erhältlich.

www.novumverlag.com

© 2023 novum Verlag

Bibliografische Information
der Deutschen Nationalbibliothek:

Die Deutsche Nationalbibliothek
verzeichnet diese Publikation in
der Deutschen Nationalbibliografie.
Detaillierte bibliografische Daten
sind im Internet über
http://www.d-nb.de abrufbar.

ISBN 978-3-99146-469-3
Lektorat: Mag. Angelika Mählich
Umschlaggestaltung, Layout & Satz:
novum Verlag

www.novumverlag.com

Gedruckt in der Europäischen Union
auf umweltfreundlichem, chlor- und
säurefrei gebleichtem Papier.

Climate neutral
Print product
ClimatePartner.com/16547-2201-1002

Inhaltsverzeichnis

Es ist unheimlich peinlich und beschämend, darüber zu sprechen ... das ist der Vorteil derer, die es einem antun. Du traust dich nicht, dich anderen anzuvertrauen, bis du irgendwann einfach nicht mehr kannst.

Inhalte zweier toxischer und/oder narzisstischer Beziehungen

Bevor du die Entscheidung triffst, tu dir bitte selber einen Gefallen – lies die beiden kurzen persönlichen Worte zu Beginn und entscheide dann, ob es das Richtige für dich ist, dieses Buch zu kaufen. Die Inhalte können eine großartige Hilfestellung sein, sofern du in einer toxischen und/oder narzisstischen Beziehung bist und dich befreien möchtest oder nie in einer derartigen Beziehung landen willst, so du dieses Wissen dann hast.

Kerema el Christa

Einleitung

Ein kurzer Blick auf meine persönliche Geschichte ...
Die letzten drei Jahre ...

... ehrlicherweise kann ich es immer noch nicht glauben, dass mir das alles passiert ist und wenn ich mir vor Augen halte, dass es wirklich drei Jahre gewesen sind, in denen ich fast täglich meine Grenzen habe überschreiten lassen, diskutiert, mich gewehrt und mich wie in einem schlechten Film, ja teilweise wie in einer Parallelwelt gefühlt habe, glaube ich es immer noch nicht. Es ist mir schwergefallen, mir selber zu verzeihen. Letztendlich hat es mich demütig gemacht. Was das heißt? War ich vor dieser Zeit noch schnell dabei, zu anderen hochmütig und unüberlegt zu sagen: „Du schaffst das schon, reiß dich zusammen, es gibt immer einen Weg, du musst es nur wollen und durchziehen", so würde ich das heute nicht mehr wagen. Noch nie im Leben war ich so verloren und von mir selber entfernt. Dass ich es geschafft habe, in relativ kurzer Zeit mich selber daraus zu ziehen, darauf bin ich unfassbar stolz und weiß auch, dass es nicht selbstverständlich ist. Ich habe entschieden, diese Erfahrungen und Lernkurven zu teilen, auch wenn es nicht einfach wird, und es mir schwerfallen wird, so möchte ich vielen Menschen die Möglichkeit geben, früher, als ich es geschafft habe, zu erkennen, dass es wichtig ist, für sich selber schädliche Lebenssituationen und Menschen zu verlassen. Das ist allerdings einfacher gesagt, als getan. Nein, es ist so schwer, dass ich es bis heute in mir trage. Was hat mir letztendlich geholfen? Ich habe eine Gesprächspartnerin gefunden, welche nahezu identisch erlebt hat, was ich erlebt habe. Wäre mir das früher passiert, hätte ich vielleicht schneller viel mehr verstehen können und hätte mir wahrscheinlich einiges erspart. Nun möchten wir dies, was wir erfahren durften, nämlich uns gegenseitig zu helfen, gemeinsam an dich weitergeben. Du entscheidest, ob du uns brauchst oder nicht. Egal, wie du dich entscheidest, du bist toll, wie du bist, einzigartig und wunderbar ... Vergiss das nie!

Ein kurzer Blick auf meine persönliche Geschichte ...
Die letzten 18 Jahre ...

Wie schwer es mir doch fällt, diesen Part zu schreiben. Es sind tausend Gedanken, aber dennoch ist man so leer und bekommt nichts geschrieben. Es ist wie ein emotionales Burn-out und man steht daneben und schaut dem Brennen einfach zu – ohne es löschen zu können oder auch zu wollen. Ich weiß nicht, wie man so viele Emotionen überhaupt in Worte fassen kann. Natürlich war ich auch glücklich. Natürlich gab es auch tolle Momente und natürlich bin ich ihm für viele Sachen dankbar, aber dennoch fällt es mir sehr schwer, darüber zu schreiben, da mir einfach die Worte fehlen. Aber ich versuch es mal, meinen Untergang in den 18 Jahren in paar Sätzen zusammenzufassen. Im Großen und Ganzen kann ich sagen, dass ich so viele Redflags einfach übersehen habe und zum Schluss diese gar nicht mehr wahrgenommen habe, da diese für mich einfach zur Normalität geworden sind. Ich konnte es nicht mehr differenzieren. Und eigentlich habe ich es nur noch so hingenommen und es akzeptiert. Ich habe nicht mehr gekämpft. Ich habe es einfach geschluckt. Ja, ich weiß, selbst schuld; aber die, die diese Situation kennen, verstehen mich. Und ja klar, ich habe es auch den Kindern zuliebe gemacht. Denn wie konnte ICH überhaupt an eine Trennung denken!? So was macht man nicht, wenn man Kinder hat. Und dazu entliebt man sich nicht! Denn wer einmal liebt, liebt für immer. So waren meine gepflanzten Glaubenssätze. Aber was ist denn mit mir und meinen Glaubenssätzen? Warum dürfen die auf keinen fruchtbaren Boden keimen? Schließlich sind es meine Samen und mein Boden sowie mein innerer Garten, den ich gestalte, wie es mir passt.

Wenn ich alles so Revue passieren lassen, habe ich das Gefühl, dass ich teilweise gar nicht anwesend war. Ich war taub, stumm, blind und fremdgesteuert. Eine Hülle meiner wahren Person. Irgendwie war alles so schnell, aber dennoch in Slow Motion. Auch das kann ich wieder nicht in Worte fassen; genauso wie viele andere Sachen. Nichtsdestotrotz kann ich sagen, dass es ein befreiendes Gefühl ist, dass ich nun selbstbestimmt leben kann. Ich kann alles machen, was ich will. Ohne Genehmigung, schlechtes Gewissen, Rückfragen, Anschuldigungen, Rechtfertigungen usw. Ich finde mich Stück für Stück wieder und bin auf den weiteren Weg sehr gespannt und freue mich, weitere Schritte gehen zu können und all meine Mauern fallen zu lassen. Ich könnte hier doch noch weiterschreiben, aber dafür ist ja noch wo anders mehr Platz ... ;)

Wichtige Erklärung zu den Inhalten

Achtung! Die von uns benannten Aussagen wurden alle im reellen Leben uns gegenüber völlig unabhängig voneinander getroffen und sind weder erfunden noch ausgedacht ... leider. Hier geht es nicht darum, in der Wut mal etwas Falsches gesagt zu haben, sondern immer wieder täglich/wöchentlich mit derartigen Aussagen konfrontiert worden zu sein. Das heißt übrigens nicht, dass mein Gegenüber nicht auch eine gute Seite hatte oder ein guter Mensch ist, ansonsten wäre es nicht so schwierig gewesen, loszulassen, bzw. man wäre ja nie eine enge Beziehung eingegangen. Auch geht es hier nicht darum, sich selber als Opfer darzustellen und den/die anderen/andere als Täter. Im Endeffekt hat es einfach nicht gepasst und es wäre toll gewesen, wenn das früher im Verstand und im Herzen angekommen wäre. Die Hoffnung stirbt aber nun mal bekanntlich zuletzt. Mittlerweile wissen wir, es gibt zahlreiche Menschen, die sich in narzisstischen und/oder toxischen Beziehungen befinden. Es ist unwahrscheinlich schwer, in solchen Beziehungen bei sich zu bleiben und durch den Nebel von Demütigungen, Beleidigungen, Herabwürdigungen, Manipulation, Gaslighting, psychischer und körperlicher Gewalt hindurchzuschauen und klar zu bleiben. Wir haben es erlebt und sind heute sehr dankbar, jeder auf seine Art und Weise diesen Ort einer Beziehung verlassen zu haben. Etwas, was uns sehr geholfen hat, war miteinander zu reden und uns auszutauschen. Hört sich ganz schön trivial an, war es aber absolut nicht. Denn eines ist uns markant aufgefallen: Toxische/narzisstische Beziehungspartner sind in dem, was und wie sie es tun, einander scheinbar alle extrem ähnlich und genau das hat uns geholfen zu erkennen und festzustellen, dass wir nicht unschuldig sind, aber einiges haben mit uns machen lassen, was in einer gesunden Beziehung zu einem anderen Menschen rein gar nichts zu suchen hat. Und genau deswegen gibt es die folgenden Inhalte, um euch dies zu zeigen. Wenn ihr ihr in einer ähnlichen Situation seid, soll euch dies Sicherheit geben: ihr seid nicht falsch, eure Wahrnehmung ist richtig, hört auf euer Bauchgefühl und lasst bitte eure eigene Klarheit nicht verwischen. Wir haben beide genau so etwas in unserer Zeit gesucht, etwas, was uns Sicherheit und Klarheit gegeben hätte, dass wir eben nicht (Zitat): „Krank sind, zu sensibel oder verrückt." Wir haben uns erlaubt ergänzend zu den toxischen und/oder narzisstischen Inhalten aus unseren persönlichen Perspektiven jeweils zwei für euch hoffentlich helfende Inhalte dazuzugeben; konkret, was uns geholfen hat, damit umzugehen, und was ein Profi dazu sagen würde. Aber nun lasst uns starten …

1 „Du bist eine schlechte Mutter/ ein schlechter Vater"

Perspektive aus drei Jahren Beziehung

Dass ich überhaupt darüber nachdenke, ob ich eine schlechte Mutter bin, ist schon beeindruckend, wie ich finde. Wieder mal hat er es geschafft. Mein Kind redet zu viel, sucht zu viel Nähe, ich kümmere mich zu viel, lasse zu viel durchgehen, mein Kind muss selbstständiger werden und härter im Nehmen, mein Kind geht zu spät ins Bett und ich hätte keine Zeit für die Beziehung. Ich könnte noch mehr aufzählen, lasse es aber schon alleine für meinen eigenen inneren Frieden. Zweifelt nicht eh schon jede Mutter von alleine immer mal wieder daran, ob sie eine gute Mutter ist? Ich tue es, was vielleicht daran liegen könnte, dass ich keine Fließband-Mama bin und nicht schon hundert Kinder mit entsprechender Try-and-Error-Erfahrung erzogen habe. Gut kann ich mich daran erinnern, dass ich als Frau ohne Kind gerne so was wie oben Genanntes auch gedacht habe. Da hatte ich aber eben selber noch kein Kind geboren und wusste auch noch nicht, welche wunderbare Liebe darin sich verbirgt. Heute weiß ich es und ich wundere mich, dass ich es zulassen konnte, dass mein Gegenüber sowohl mich bewertete als auch mein Kind. Natürlich habe ich auch eine Menge Fehler gemacht. Dennoch bin ich keine schlechte Mutter … Ich liebe mein Kind. Ich sorge mich auch um mein Kind, mein Kind ist heute zehn Jahre alt. Sicher bin ich manchmal nicht streng genug und lasse Einiges durchgehen. Aber mein Kind geht um 20 Uhr ins Bett und ist drei Abende die Woche bei seinem Vater. Viele Paare wünschten sich, so viel Zeit für sich zu haben. Natürlich ist das alles meine subjektive Meinung und mein Gegenüber sieht das ganz, ganz sicher ganz anders. Eine Weile hat mich das sehr interessiert. Wer bist du aber, dass du einer Mutter sagst, dass sie eine schlechte Mutter ist. Ehrlich, ich würde mich schämen, wenn ich das einer anderen Frau sagen müsste. Wer wäre ich, dein Leben beurteilen zu wollen, ohne es selber erfahren zu haben. Eines möchte ich genau jetzt dazu wirklich noch loswerden: Wie soll ein Kind ein Diktat selber üben? Idee eines Narzissten/toxischen Menschen: Dein Kind soll sich hinsetzen, sich die Sätze jeweils selber vorlesen und dann aufschreiben. Ich könnte immer noch kotzen, sorry.

Perspektive aus 18 Jahren Beziehung

Du bist eine schlechte Mutter ... Wurde mir mehrmals im Streit ins Gesicht geschrien. Ich habe es nach einer Zeit verinnerlicht und es tatsächlich sogar gegoogelt. Ich habe gegoogelt! Mehrmals! Vielleicht kommt es euch bekannt vor!? Aber ich war so voller Selbstzweifel, dass ich dafür erstmal eine Definition gebraucht habe. Ich habe mich jahrelang für die Familie aufgeopfert, habe alles für die Kids getan – Kita, Schule, Freunde, Spielverabredungen, Sport, Arztbesuche, nicht zu vergessen auch die endlosen schlaflosen Nächte, da wir ein Spuckkind hatten und das andere Kind ein Frühchen war, dann auch noch die ganzen Erkältungen, der Pseudokruppanfälle, Magen-Darm-Erkrankungen und andere Wehwehchen, die Zähnchen, das Trocken-Werden, Schnullerfee und alles Weitere. Dazu natürlich auch noch einen Job, den Haushalt, das Studium und nicht zu vergessen, die Rolle als Ehefrau. Das Ganze, und eigentlich noch mehr, an einem 24-Stunden-Tag. Natürlich war ich auch mal am Ende mit meinen Kräften und hab auch mal Zeit für mich benötigt. Dann kam die Aussage, ich soll doch zur Entspannung mal einkaufen gehen ... Mal Zeit für mich, zum Abschalten. Ich meine, er kam nach der Arbeit nach Hause – die Kinder waren bettfertig, das Essen war auf dem Tisch und der Haushalt war erledigt – und ich Game Over. Dazu kam immer die schnippische Frage, was ich denn so den ganzen Tag gemacht hätte!? So ein bisschen Haushalt und Co. wären doch nicht so schwer. Zwar half er mir des Öfteren im Haushalt, aber ich habe es als Selbstverständlichkeit angesehen, die Kinder, den Haushalt und alles Weitere zu managen. Nun, ich bin keine schlechte Mutter, wenn ich mehrmals die Woche zum Ausgleich zum Sport gehen würde oder wenn ich mich mit einer Freundin abends treffen wollen würde. Nein, damit vernachlässige ich meine Kinder nicht, da ich immer dann gegangen bin, als im Haushalt ALLES fertig war, und die Kids im Bett waren. Und es ist auch nichts Schlimmes dabei, wenn ich mehrmals ausgehen sollte. Schließlich gab es Phasen bzw. Jahre, in denen ich nicht ausgegangen bin. Meiner Meinung nach ist alles eine Frage des Gleichgewichts. Aber warum muss man sich überhaupt diese Frage anhören müssen? Keiner hat das Recht, dich als schlechtes Elternteil betiteln zu dürfen. Keiner muss sich anhören, dass man in der Erziehung versagt hat und dass ihm die Kinder leidtun, weil die so eine psychisch kranke Mutter haben – und NEIN, er ist kein Psychologe, Therapeut oder Ähnliches. Aber dennoch wurde es mehrmals vor den Kindern geäußert, aber natürlich nur im Streit, wenn er böse oder sauer war. Denn im Nachhinein musste ich es ja verzeihen, weil er es in seiner Impulsivität doch nicht so meinte, wie er es sagte. Die Aussage: „Wenn man sauer ist, dann sagte man auch manchmal Sachen, die man nicht sagen will" ... „Ich meinte es nicht so" ... „Vergiss es bitte..." Vor den Kindern auch noch zu äußern: „Was bist du überhaupt für eine Mutter? Verlässt die Familie, nur weil du dein Leben leben möchtest, weil du auf Party gehen willst, weil du egoistisch bist und nur an dich denkst. Denk doch mal, was du mit der Trennung den Kindern antust. Du nimmst den Kindern die Familie weg und denkst nur an deine scheiß Arbeit und deine geilen Schlampenfreundinnen. Du bist das Allerletzte!"

Inspiration für dich bzw. was mir/uns geholfen hat

Stell dir doch ganz einfach mal die Frage, ob es den Tatsachen entsprechen kann, dass du eine schlechte Mutter bist. Sind deine Kinder gesund, werden sie satt, haben ein Dach über dem Kopf, Spielsachen und etwas zum Anziehen, bekommen sie Liebe und Zeit von dir und sind zufrieden und glücklich? Willst du das Beste für dein Kind und entwickelst es weiter ... JA! Keine weiteren Fragen, euer Ehren. Und ja, ich meckere auch mal, habe nicht immer Zeit und zeige Grenzen auf. Auch das ist mein Job als Mutter. Ich bin eine gute Mutter und darauf bin ich stolz. Habe ich übrigens leider erst vor Kurzem gelesen: Suchst du künftig einen Mann, der dich und dein Kind akzeptiert, achte auf Folgendes – es sollte ihn nicht interessieren, wann dein Kind schlafen geht, sondern wann es gemeinsames Essen gibt.

> *„Sei dankbar,*
> *dass manche Dinge nicht so geklappt haben,*
> *wie du es wolltest.*
> *Vielleicht hat dich das vor größerem Unheil bewahrt*
> *oder wird dich zu Dingen führen,*
> *die so viel mehr für dich bereithalten.*
> *Also vertraue darauf,*
> *dass das Leben einen Plan für dich hat.*
> *Auch wenn du ihn jetzt vielleicht noch nicht sehen kannst.“*
> **(Quelle: visualstatements/Instagram)**

Profiblick aus der systemischen Beratung

Ganz neutral betrachtet sagt alles, was ich von mir gebe, meist mehr über mich selber aus als über den anderen. Auch ganz neutral betrachtet stellt sich eine „reflektierte“ Mutter immer infrage. Und ja, auch reflektierte Väter stellen sich infrage. Was aber tendenziell nicht zielführend ist, dass der jeweilige Partner, egal ob Mann oder Frau, dieses In-Frage-Stellen auch noch befeuert.

Das Zusammenspiel in einer gesunden Beziehung erfordert Klarheit und zielführende Gespräche für beide Seiten. Eine gute Idee könnte es sein, sich alleine, genauso gemeinsam folgende Frage zu stellen.

- Welche Ziele und Wünsche hat jeder für sich und gemeinsam innerhalb unserer Beziehung/Familie?
- Wie sieht unser Rollenverständnis aus?
- Welche Erwartungen haben wie wir an uns beide?

Und was passiert, wenn man sich im Strudel der oben beschriebenen Beziehung befindet?

Da war doch was von wegen „Gleichberechtigung". Das anfänglich der 60er-Jahre geprägte Rollenbild der klassischen Hausfrau, die frisch gestylt die Tür ihrem Mann öffnete, um ihm anschließend das frisch gekochte Essen am Tisch zu reichen, nachdem sie ihm die Schuhe ausgezogen und sein Jackett aufgehängt hat. Zu dieser Zeit war die Berufskarriere der Frau faktisch überhaupt nicht vorgesehen. Aus diesem beschriebenen Bild resultierten dann unterschiedliche Mutterleitbilder, die bis heute noch in den Köpfen vieler Menschen verankert sind.

Was kann hier helfen: mit seinem Partner über Erwartungshaltungen, Ziele und Wünsche innerhalb der Beziehung/Familie zu sprechen. Ein gemeinsames Zeitbild zu entwickeln und auf gegenseitige Unterstützung zu bauen. Die klassischen Rollenbilder und Selbstverständnisse aufzubrechen und ein Neues, für sich passendes Bild zu kreieren. Sowie zu reflektieren, wo sein eigenes Bild herrührt und wie das zukünftige Verständnis füreinander aussehen kann. Hört sich nach einer Menge Arbeit an. Ist es auch. Aber es lohnt sich, darüber in Etappen zu sprechen und es gemeinsam umzusetzen.

2 „Was hast du denn in deinem Leben schon geschissen bekommen"

Perspektive aus drei Jahren Beziehung

WOW ... mir ist schon klar, dass mein dreiseitiger Lebenslauf ggf. nichts darüber sagt, wie ich im Real Life mein Leben lebe, aber die Aussage nichts geschissen bekommen zu haben, habe ich mich noch nie gegenüber irgendjemandem getraut und würde ich mich auch nie trauen. Natürlich hätte ich erst einmal fragen können, wie mein Gegenüber das konkret meint oder was mein Gegenüber mir damit sagen möchte, habe es mir dann aber anders überlegt und bin tatsächlich erst einmal ausgeflippt. Warum, weil ich das widerwärtig finde, dass jemand mein Leben beurteilt, von dem er/sie gerade mal drei Jahre beurteilen kann und 42 gar nicht kennt. Also WOW ... dabei belasse ich es einfach mal. Wobei eine tolle Ergänzung hätte ich. Vielleicht kennst du diese auch. Alle meine Freundinnen haben ihr Leben auch nicht geschissen bekommen laut meinem Gegenüber und sind Schlampen, obwohl mein Gegenüber noch nicht einmal alle, geschweige denn ihr Leben kennt. Mein Bruder hat auch nichts geschissen bekommen ... wenn der wüsste. So denken übrigens auch alle anderen Menschen in der Stadt, in der ich wohne, über mich laut meinem Gegenüber. Aber das ist ein Extra-Kapitel wert.

Perspektive aus 18 Jahren Beziehung

Ohne deine Mutter bist du NIX! Mit den Worten: „Wenn es das Wort ‚Muttertöchterchen' geben würde, dann würdest du es erfunden haben ...", drückte er den Respekt zu mir und meiner Mutter aus. Die Mutter bzw. Oma, die die Kids zwei- bis viermal die Woche zum Training und/oder zu Verabredungen gefahren hat und ab und zu mal das Mittag zubereitet hat und die Tiere versorgt hat. Dies passierte in der Zeit, als wir beide fast Vollzeit gearbeitet haben und meine Mutter sich dafür freiwillig angeboten hatte. Die Kinder hat es riesig gefreut und er hatte auch nichts dagegen, dass das Essen fertig war und die Kinder in guten und sicheren Händen waren. „Deine Mutter hält für dich den ganzen Haushalt aufrecht, während du auf der Arbeit irgendwelche geilen Kollegen aufreißt. Wer weiß, was du da so alles machst" – „Ja, arbeiten, was denn sonst!?" „Und ohne die Meinung deiner Mutter wärst du verloren. Hör auf, dich so von deiner Mutter leiten und beeinflussen zu lassen", musste ich mir anhören. „Sie manipuliert dich nur und will dich nur für sich alleine haben. Sie wollte dich noch nie loslassen und hat sich immer eingemischt." – „NEIN, hat sie noch nie gemacht, aber OK, my friend!" Aber dennoch JA, denn ohne meine Mutter hätten WIR so einiges nicht geschissen bekommen!!! Meine Mutter hat immer geholfen – war mit den Kleinen spazieren, als ich todmüde war, hat auf die beiden aufgepasst, als wir unterwegs waren, oder mal eingeladen waren, backte, kochte, bastelte mit den Kids, ging mit ihnen einkaufen, fuhr mit ihnen, bis sie einschliefen, weil wir Termine hatten, und stand Tag und Nacht für uns bereit. Und mit der Aussage „Deine Mutter ist zu oft bei uns" hast du es auf die Spitze getrieben. Wie sollte sie sich um die Kids kümmern und nicht bei uns sein? Aber ja, sie wollte uns angeblich auseinanderbringen und freute sich, als ich mich endlich, nach vielen Anläufen, getrennt habe. Was für ein Quatsch im Nachgang.

Inspiration für dich bzw. was mir/uns geholfen hat

Stell dir auch hier die Frage, ob das tatsächlich der Realität entspricht. Wie wahrscheinlich ist das??? Jeder hat seine eigene Wahrheit, seine eigenen Werte und Normen, Vorstellungen vom Leben. Alles fein. Aber bitte, projiziere deine Defizite doch nicht auf mich. Ich war mit meinem Leben bisher superzufrieden und sehr, sehr glücklich. Lass das, und vor allem lass mich in Ruhe. Danke und gute Besserung[*]!

„IRGENDWANN
Ist man nicht mehr enttäuscht von dem,
was ein anderer Mensch tut.
Man ist eher von seiner eigenen Dummheit enttäuscht,
dass man ernsthaft noch was anderes erwartet hat."
(Quelle: mared_officiall/Instagram)

Profiblick aus der systemischen Beratung

Eine interessante Aussage innerhalb einer Beziehung. Sind es seine/ihre eigenen, nicht erfüllten Wünsche? Ist es seine/ihre Angst, nicht gut genug für den Partner zu sein? Es macht jetzt allerdings an dieser Stelle keinen Sinn, sich mit den Gründen zu beschäftigen, warum jemand anderes so ist oder agiert, sondern was passiert dabei bei mir und mit mir selber. Warum lasse ich es zu, dass mein Partner/meine Partnerin so mit mir reden kann. Dazu beschäftigen wir uns in aller Kürze mit dem eigenen Selbstwertgefühl.

Was verbirgt sich hinter dem Selbstwertgefühl: Selbstwert ist die Bewertung, die man von sich selbst, seinen Eigenschaften und Fähigkeiten hat. Er ist eine relativ stabile persönliche Eigenschaft. Davon beeinflusst, wie man sich selbst im Moment wahrnimmt und welches Bild man von sich in der Vergangenheit hat.

Werden wir jedoch ständig gedemütigt, kritisiert und gegängelt, beginnen wir an unseren Fähigkeiten und Fähigkeiten zu

---

[*] Mega-Buch von Karin Kuschik: „50 Sätze, die das Leben leichter machen" – bitte lesen und innerlich souveräner werden.

23

zweifeln. Und nach und nach verlieren wir die Kontrolle über uns. Die meist Zeit am Tag bzw. in meinem Leben verbringe ich mit mir selber. Da macht es doch Sinn, dass ich mir selbst gefallen sollte. Mir selber vertrauen und mich lieben sollte an erster Stelle stehen.

Was kann helfen: Hinterfrage, was genau dein Gegenüber an dir kritisiert. Ist die Kritik überhaupt nachvollziehbar? Ist diese Kritik auf dich bezogen? Wer bist du und was zeichnet dich aus? Worin liegen deine Stärken? Wenn du dir darüber im Klaren bist, hilft ein ruhiges und konstruktives Gespräch darüber. Bitte aber dabei nicht vergessen: Ein Grundsatz einer jeden gesunden Beziehung sollte sein, sich gegenseitig so zu akzeptieren, wie man ist.

3 „Gott wird dich dafür bestrafen" bzw. „Karma wird dich dafür ficken"

Perspektive aus drei Jahren Beziehung

Dann nehme ich mal „Gott wird dich dafür bestrafen". Und ich weiß auch heute Monate später immer noch nicht, was ich dazu sagen soll. Wer bist du als angeblich streng gläubiger Christ laut deiner eigenen Aussage, dass du dich über Gott stellst? Also eine entspanntes „Wie bitte?!" wäre vielleicht eine gute Antwort darauf gewesen oder zu denken „Du armes kleines Würstchen". Mehr kann und will ich dazu an dieser Stelle nicht sagen, ich habe es mehrmals zu hören bekommen und auch das würde ich als mittelgläubige Christin übrigens niemandem sagen, warum auch.

Perspektive aus 18 Jahren Beziehung

Dein Karma fickt dich! Glaub mir! Dein Bumerang kommt mit voller Wucht zurück und dann liegst du auf dem Boden und wirst heulen. Aber dann heul leise!!! Heul einfach leise! Als ich sehr erniedrigt und weinend fragte, warum mich mein Karma ficken sollte, meinte er zu mir, dass er noch all meine Leichen im Keller finden wird. Leider wurde diese Szene von meiner Tochter beobachtet. Sie zog mich vom Boden hoch und umarmte mich wortlos und ging stumm wieder ins Wohnzimmer. Alleine deswegen müsste ich eigentlich wissen, dass sein Karma ihn dafür ficken wird. Aber nein, dafür war ich in dieser Situation zu schwach und habe nur in mir den Fehler gesucht. Denn alles, was ich ihm angetan habe, kommt, laut ihm, zurück zu mir. Ja, dieses ist mir schon klar, weil Karma einfach ein physikalisches Gesetz ist – das Gesetz der Ursache und Wirkung.

Aber wenn ich nichts gemacht habe, kann ich auch nichts zurückbekommen. Ich habe weder belogen noch betrogen noch bin ich fremdgegangen. Wofür sollte mich denn mein Karma dann ficken? Dafür, dass ich mich für die Familie aufgeopfert habe, und mich dabei komplett selbst verloren haben? Ist das der Dank des Karmas? Ich denke wohl kaum. Auch der, von ihm angegeben, Zeitraum von sechs bis neun Monaten, bis der Bumerang mich trifft und ich alles bereuen werde. In welcher wissenschaftlichen Studie wurde dieser Zeitraum denn gemessen? Kann man Karma überhaupt messen? Ich weiß es nicht, aber meiner Meinung nach kann man es nicht be-/messen. Und by the way: Worte und Taten kommen immer zum Absender zurück und sagen mehr über dich aus als über den Gesprochenen! – Dies ist wissenschaftlich belegt.

Inspiration für dich bzw. was mir/uns geholfen hat

Tatsächlich haben wir dann mal nachgelesen, also gegoogelt, was das für Menschen sind, die sich über Gott stellen: Dieser Mensch denkt wirklich, er steht über Gott selbst und würde ggf. eine Wahrnehmungsstörung bzw. Persönlichkeitsstörung testiert bekommen, ups. Das Gleiche gilt übrigens für „Karma wird dich dafür ficken" in beiden Fällen gilt: Lauf Mädchen, lauf … und zwar schnell. Nimm beide Beine in die Hand und lauf ganz weit weg und komme vor allem nie wieder. Eines solltest du noch wissen: Abwertung eines anderen Menschen geschieht tendenziell von unten nach oben.

„Zu jemandem zurückzukehren,
der dir gezeigt hat, dass er dich nicht respektiert,
bedeutet, dass du vor dir selbst den Respekt verloren hast."
(Quelle: Imanidunia92/Instagram)

Profiblick aus der systemischen Beratung

Keine Reaktion ist noch die beste Reaktion. Wenn dein Gegenüber dich schlecht oder runtermacht, solltest du am besten darauf gar nicht reagieren. In dem Moment, wo du verärgert bist bzw. überhaupt reagierst, führt das nur dazu, dass du das negative Verhalten deines Gegenübers verstärkst. Übrigens genau das möchte dein Gegenüber, deine Reaktion, egal, in welcher Form. Nur in aller Kürze das allgemeine Interesse daran zu stillen; warum macht ein anderer Mensch so was überhaupt, so etwas zu artikulieren? Dieser Schutzmechanismus der Ent- bzw. Abwertung eines anderen dient der eigenen Stabilisierung des Selbstwertgefühls und hilft mit Neidgefühlen genauso wie mit Verlustängsten klarzukommen. Zielführend in einer Beziehung ist es auf jeden Fall nicht. Auch hier hilft es einfach, miteinander vernünftig zu reden und Klarheiten u. a. im Umgang miteinander zu schaffen.

4 „Brauchst du die Bestätigung von anderen Männern/Frauen?"

Perspektive aus drei Jahren Beziehung

Nein, um mich gut zu fühlen, brauche ich das tatsächlich nicht. Dafür möchte ich aber ausnahmsweise mal ein kleines bisschen ausholen. Dank meiner Eltern, von denen ich eine wirklich gute und solide Erziehung bekommen habe, habe ich gelernt, mit mir selber zufrieden zu sein und vor allem mich nicht von Lob und Anerkennung anderer Menschen abhängig zu machen. Meine Eltern haben mir schon früh beigebracht, unabhängig und selbstständig zu sein, wofür ich beiden bis heute dankbar bin. Selbst wenn ich die Bestätigung oder Feedback von meinen Eltern haben wollte, musste ich schon aktiv danach fragen. Das hat sich im Grunde durch mein ganzes Leben gezogen. Ich selber bin stolz auf mich, meine Leistung, was ich erreicht habe, und was ich bin. Und dennoch habe ich mir von meinem Gegenüber drei Jahre lang das Gegenteil anhören müssen und es irgendwann geglaubt. Gut kann ich mich daran erinnern, dass ich auf Facebook mal einen öffentlichen Kommentar von einem Kollegen, ein paar Hundert Kilometer entfernt wohnend, bekam. Drei Jahre habe ich das vorgehalten bekommen, wie uneinsichtig ich wäre, dass ich mich dafür entschuldigen müsste, dass mir jemand so etwas schreibt. Nun, ich mag es tatsächlich auch nicht, wenn man mich Süße nennt. Ich hasse es sogar und habe diesem Menschen dies auch deutlich zu verstehen gegeben. Dennoch durfte ich mir dies von meinem nur wenige Meter entfernten Gegenüber fast drei Jahre lang als Vorwurf anhören und habe es gehasst, für das Verhalten anderer immer wieder Rede und Antwort stehen zu müssen. Seitdem wurde ich übrigens bei jedem meiner Kollegen gefragt, ob da mal etwas gelaufen wäre. Ich arbeite in einem großen Konzern in einer sehr kon-

servativen Branche. Ich bin eine Frau und habe null Interesse,
Privates und Berufliches zu mischen: Don't fuck the business!
Ist aber leider nie angekommen und irgendwann war ich einfach müde, sehr müde es immer und immer wieder zu wiederholen... Danke, dass ich das jetzt nicht mehr muss. Mittlerweile ist mir klar geworden, dass es ein Fehler meinerseits gewesen
ist, mich überhaupt für diverse Dinge zu rechtfertigen. Nicht,
dass in einer Beziehung nicht wichtig wäre, Fragen zu stellen,
Antworten zu erhalten und sich über Unklar- sowie Unsicher-
heiten auszutauschen, aber so, wie wir es erlebt haben, war es
definitiv nicht gesund. Irgendwann hatte ich das Gefühl, dass
meine persönlichen Grenzen nur noch überschritten wurden,
ich alles falsch machte und dadurch ständigen seelischen und
geistigen Übergriffen ausgesetzt war. Die körperlichen Hand-
greiflichkeiten kamen erst ungefähr nach einem dreiviertel
Jahr dazu. Heute erkenne ich, was ich mir vorher nie eingestehen wollte, ich hatte Angst und reagierte zunächst mit Flucht,
dann mit Erstarren und irgendwann mit Kampf. Logisches Denken war wie eingefroren.

Perspektive aus 18 Jahren Beziehung

„Den Abdruck deiner Unterwäsche sieht man durch deine schwar-
zen Leggings! Wen willst du damit aufgeilen?" „Ähm, entschuldige bitte, ich gehe mich schnell umziehen." Danach zog ich diese Sportleggings nie wieder an und habe seitdem einfach ein
Problem damit, wenn man durch die Leggings den Abdruck
der Unterwäsche sieht. Danke dafür – ähm, ne danke für NIX!
Aber seitdem checke ich zehnmal im Spiegel, was man genau
sieht, und zupfe immer noch während des Trainings gerne an
meinen Leggings, weil ich diese alte Programmierung perma-
nent im Kopf habe. Schließlich will ich ja damit geile Typen an-
geln, damit sie mich anbaggern. Weil ich ja so ein Typ von Frau
bin, die schmilzt, wenn ein Mann einen Raum betritt. Auch bin
ich diejenige gewesen, die sich gerne und mit voller Absicht im-

mer neben Männer setzen würde. Schließlich wurde mir sogar der Kontakt mit seinem besten Kumpel verboten und ich durfte nicht mehr neben ihm sitzen. Sonst würde er mir zu Hause die Hölle heiß machen und es würde wieder eine Rieseneifersuchtsszene folgen. Denn schließlich bin ich ja der Auslöser für seine Eifersucht. Somit wurden auch diese Treffen immer seltener. Und nein, es gab NIE Treffen zur zweit! Wir waren immer als Pärchen verabredet.

Inspiration für dich bzw. was mir/uns geholfen hat

Es lohnt sich für dich; schau, warum du deine Grenzen immer wieder überschreiten lässt. Wir waren uns unser Grenzen lange gar nicht bewusst und haben uns diese neu erarbeiten müssen. Dabei sehr geholfen hat das großartige Buch „Nein sagen und Grenzen setzen" von Maria Riedel. Deine Zeit läuft unwiederbringlich ab. Setze Grenzen, verabschiede dich von dem, was dich nicht gesund oder glücklich macht. Das ist nicht einfach, aber du schaffst das. Hier ein kleiner Eindruck, was dich in diesem Buch Wunderbares erwartet: „Deine Grenzen bestimmen deine Welt und deinen Alltag. Sie entscheiden darüber, in welchen sozialen Strukturen du dich befindest, wie sich deine Beziehungen gestalten, ob du gesund bist, welche Karriere du verfolgst, wie sich die Atmosphäre in deiner Familie entwickelt und wie du mit den Erfahrungen deiner Vergangenheit umgehst. Deine Grenzen sind dein Leben, sowohl in dir als auch um dich herum. Wo du Nein sagst, wird etwas dein Leben verlassen. Wo du ja sagst, wird es wachsen. Wo du dir unsicher bist und keine klare Haltung einnimmst, wird sich dies in Chaos und Unsicherheit widerspiegeln." Kümmere dich um deine Grenzen, damit es dir besser geht, denn du schuldest niemandem etwas außer dir selbst. Übrigens, Beziehungen die kaputtgehen, sobald du beginnst, Dich selber und deine Wahrheit zu kommunizieren, haben bisher nur funktioniert, weil du keine Grenzen hattest. Spüre in dich hinein. Höre auf dein Bauchgefühl. Tut dir das gut, was du gerade erlebst? Das ist der Weg zu einem glücklichen Leben. Spüre, wie wertvoll und einzigartig du bist.

> *„Die größte Entschuldigung schulde ich mir selbst,*
> *weil ich Dinge mit mir habe machen lassen,*
> *die ich nicht verdient habe."*
> **(Quelle: weltendenker/Instagram)**

Profiblick aus der systemischen Beratung

Zunächst einmal sagt das Gesagte wieder einmal mehr über denjenigen aus, der es von sich gibt. Warum aber nicht einmal damit beschäftigen, ob eine stetige Bestätigung von außen eigentlich für einen selber notwendig ist. Zumal es gar nicht so abwegig ist, spricht doch damit eine einhergehende vermeintliche Anerkennung das Belohnungszentrum in unserem Gehirn an. Dabei wird Dopamin ausgeschüttet und natürlich tut das gut. Problematisch wird es dann, wenn es zur Sucht wird. Auch hier spielt übrigens ein gutes Selbstwertgefühl eine große Rolle. Die eigene Suche nach fortwährender Bestätigung bzw. Anerkennung von außen ist ein markantes Zeichen für zu wenig vorhandenes Selbstbewusstsein. Mit einem gesunden und ausgewogenen Selbstwertgefühl benötigst du dies von außen eher weniger.

Was kann helfen: Erkennen, dass du Bestätigung und Anerkennung im Außen suchst. Reflektiere, in welchen Situationen dies vorrangig eine Rolle für dich spielt. Analysiere, in welcher Form du diese Bestätigung/Anerkennung brauchst. Allein durch diesen Prozess wirst du dir klarer werden, wo du stehst und wissen, ob du wirklich deine Bestätigung und Anerkennung im Außen brauchst oder nicht.

Achte darauf, sofern du deine Bestätigung/Anerkennung wirklich stark im Außen suchst, ob dein Gegenüber dies entsprechend nutzt – eine Form der Manipulation. Auch hier gilt: erkennen, reflektieren und analysieren.

Das Gleiche gilt auch, wenn dein Gegenüber versucht, dir einzureden, dass du die Bestätigung/Anerkennung im Außen suchst. Oftmals beginnen damit einhergehend deine eigenen Zweifel, ob dem so ist oder nicht. Auch dieses Wirken durchbrichst du am besten, indem du gezielt auf das eigene Selbstwertgefühl achtest und dir bewusst machst, wo du wirklich stehst.

5 „Du bist karrieregeil. Deine Arbeit steht an erster Stelle, danach kommt erst einmal nichts!"

Perspektive aus drei Jahren Beziehung

Wann ist Mann bzw. Frau denn karrieregeil? Darüber hatte ich mir ehrlicherweise bis zu dem Zeitpunkt, als ich es an den Kopf geworfen bekommen habe noch nie wirklich Gedanken gemacht. Tatsächlich habe ich schon immer sehr gerne gearbeitet und oftmals auch zu viel. Bis heute bin ich unfassbar dankbar dafür, dass ich sehr gerne arbeite in meinem Job und Spaß daran habe. Dennoch habe ich in den letzten ungefähr drei bis vier Jahren nicht zuletzt auch durch den Tod meiner Mutter gelernt, dass das nicht alles ist. Habe ich vor vier Jahren noch mit 70 bis 80 Stunden verteilt auf sieben Tage die Woche gearbeitet, bin ich heute wesentlich effizienter und leistungsfähiger, wenn ich ganz normal meine rund 40 bis 50 Stunden die Woche mache, und habe immer noch wahnsinnig viel Spaß dabei. Ich bin stolz auf meinen Lebenslauf, sowohl meine Eltern als auch meine bisherigen Arbeitgeber, genauso wie ich selber haben viel möglich gemacht, sodass ich heute sehr unabhängig agieren kann. Klar hätte ich locker noch höher und weiter hinauskommen können. Wollte ich aber nicht und bin damit durchaus sehr zufrieden. Vor allem, da ich noch einen Haushalt habe, einen mittelgroßen Garten, Kind und Hund. Auch aktiv dafür entschieden. Bin ich also jetzt karrieregeil, weil ich gerne arbeite und mir damit eine große Unabhängigkeit und Sicherheit ermöglicht habe als Frau? Meine Antwort darauf ist ein klares NEIN. Ich bezeichne mich als beruflich ambitioniert und bin es gerne. Ich könnte noch viel mehr Ideen umsetzen, neben der Arbeit weitere Projekte aufziehen und damit sogar eine Menge Geld verdienen. Möchte ich aber nicht. Dann bin ich lieber im Garten, lese ein gutes Buch, kuschle mit meinem Sohn oder mache einfach mal nichts. All das habe ich zu schätzen gelernt. Bevor du mich also als karrieregeil bezeichnest, hinterfrage doch mal dich selber oder frage mich wie ich dazu stehe. Mir zeigt es eigentlich nur, dass mein Gegenüber mehr bei sich und seinen Vorstellungen bzw. seiner Wahrheit war, als meine auch nur einmal zu betrachten oder versuchen zu verstehen. Was mich an dem Ganzen oftmals verständnislos zurückgelassen hat, ist das meine Gegenüber mit mir und meiner Arbeit nach außen gerne geprahlt hat, mir gegenüber versucht hat es schlecht zu machen, was ich kann und tue und regelmäßig infrage gestellt hat, dass ich überhaupt in der Lage wäre meinen Job zu machen. Passt wiederum nicht ganz zum karrieregeil. Ist mir mittlerweile zum Glück aber egal. Ich arbeite gerne, habe Spaß dabei und genieße es, nicht mehr von unqualifizierten Bemerkungen gegen 11 Uhr vormittags, wie lange ich wohl noch brauche, unterbrochen zu werden. Und nein, ich stelle meine Arbeit nicht über das Wohl meiner Liebsten. Fakt ist aber auch, dass ich meine Rechnungen zahlen muss und Arbeitstermine auch eingehalten werden müssen, wenn man seinen Job behalten möchte, um wiederum eingehende Rechnungen bezahlen zu können. Natürlich würde ich auch gerne nur den ganzen Tag zur Massage rennen, zum Sport gehen, schlafen und entspannen, Pediküre und was auch immer machen… geht aber nicht und ist auch total ok für mich. That's all.

Perspektive aus 18 Jahren Beziehung

Nachdem ich mich ja komplett für die Familie aufgeopfert habe und nach der Geburt unserer ersten Tochter nach zehn Monaten wieder arbeiten gegangen bin, habe ich gefühlt, dass mir etwas Bildung fehlt. Also haben wir uns gemeinsam entschieden, dass ich neben meinem 20-Stunden-Job und der Kleinen sowie Haushalt usw., ein Fernstudium beginne. Dieses besteht, wie vielleicht bekannt, aus Selbstorganisation und ganz viel Management sowie Ehrgeiz. Trotzdem lernte und schrieb ich weiter und arbeitete mich Stück für Stück im Curriculum fort. Währenddessen hat sich unsere Familie um ein weiteres Kind erweitert. Es folge unser Frühchen. Die Schwangerschaft sowie die Geburt waren wirklich nicht einfach. Bei der Geburt haben wir beide, durch Geburtskomplikationen, dem Tod kurz ins Auge schauen können – aber Gott sei Dank, kann ich mich nicht mehr so gut an diese Situation erinnern. Aber auch in der Schwangerschaft lernte ich weiter und gab es nicht auf. Als unsere Tochter zur Welt kam, bin ich für 15 Monate in Elternzeit gegangen und habe das Fernstudium etwas pausiert und auf „Teilzeit-Studium" umgestellt. Danach stieg ich wieder in meinen alten Job ein und war nun auf 18 Stunden angestellt, damit ich Familie, Job, Studium, Haushalt, usw. alles unter einen Hut bekomme. Nach meinem Abschluss verließ ich meinen alten Arbeitgeber und jobbte im Einzelhandel und war selbstständig im Kosmetikgewerbe. Ein Jahr nach meinem Bachelor packte mich der Ehrgeiz neben Job und Familie und Co., meinen Master draufzusetzen. Also entschieden wir uns wieder gemeinsam, dass ich mich für das berufsbegleitende Masterstudium einschreibe. Die Kosten dafür waren sehr hoch, aber dennoch wollte ich es unbedingt für meinen Karriereweg. Also arbeitete ich weiter im Einzelhandel auf 450 Euro und auf selbstständiger Basis – gefühlt 24/7 – hatte die Kinder, Haushalt und Co. Wir erfreuten uns über jeden Cent, denn das Studium war teuer – sehr teuer, aber meine Eltern halfen uns sehr oft und überwiesen zu 80 % die Studiengebühren. In der Masterphase fing ich an, Bewerbungen zu schreiben. Es hagelte nur Absagen! Jedes Mal mit der Aussage: … ich hätte zu wenig Erfahrung … oder würde nicht ins Unternehmen passen. Dann auf einmal hatte ich im Nachbarort einen tollen und gut bezahlten Job gefunden. Dort hatte ich Aufstiegschancen und durfte einen Posten besetzen, den ich schon immer wollte. Aber leider das alles auf Vollzeit. Mein damaliger Chef wollte keine Teilzeitangestellten haben. Also einigten wir uns beide, dass ich diese Chance trotzdem annehme. Denn meine Mutter würde uns mit den Kindern helfen und diese sehr gerne nachmittags abnehmen. Also unterschrieb ich diesen Vertrag und freute mich, dass ich nach gefühlten hundert Absagen endlich einen tollen Job hatte. Nebenbei studierte ich ja aber noch … Nach paar Wochen merkte dann mein Mann, dass dieser Job sowie mein Studium und die Kinder sowie auch meine Hobbys, Freunde und alles Weitere viel zu kurz kamen. Er meinte, dass ich zu lange auf der Arbeit wäre und es wirklich respektlos wäre, wenn ich nach der Arbeit noch zum Sport fahren wollen würde. Schließlich habe ich ja schon den ganzen Tag gearbeitet und müsste nun mal für die Familie da sein. Außerdem wären dort nur Männer in der Abteilung und die würden doch alle hinter mir her sein. Er versuchte mich mehrmals per Facetime während eines Meetings angerufen. Natürlich ging ich nicht ran – das Gemecker durfte ich mir zu Hause anhören. Die Eifersucht war wieder da! Ich verließ nach paar Monaten das Unternehmen, da es einfach nicht mehr ging. Weiterhin studierte ich und verschickte Bewerbungen. Alles nur Absagen. Ich war total deprimiert und am Ende mit meiner Kraft, denn jede Absage, kostete noch mehr von meinem Selbst. Er stand mir bei und unterstützte mich, den Master zu beenden. Nach den ganzen Absagen kam endlich eine Zusage für eine kleine Ministelle in meiner Branche. Diesen Posten nahm ich an. Nach ca. drei Wochen wurde ich befördert. Nach weiteren zwei Monaten nochmal. Und dann wurde nur für mich eine neue Stelle geschaffen. Ich war so glücklich und stolz, dass ich nach drei Jahren endlich wieder in meiner Branche Fuß fassen konnte. Natürlich freute mein Mann sich mit mir. Da habe ich mich aber eventuell doch getäuscht. In der Trennung kam nämlich alles anders als vorher gedacht und gefühlt. Er sagte, ich hätte meine Kinder für meine Karriere aufgegeben. Hätte meinen Job über die Familie gestellt und wäre genauso „psycho" wie meine Chefin. Davon absehen wollen meine Kollegen und der Azubi was von mir und finden mich nur geil – mehr nicht. Er meinte, ich werde verarscht und ausgenutzt und dass der öffentliche Dienst für den Allerwertesten wäre. Ich soll doch bitte zu Lidl an die Kasse gehen, dort würde ich wenigstens mehr Geld verdienen – sagte er zu meiner Mutter, während er zur Arbeit fuhr und sie Essen für die Mädchen vorbereitet, um danach mit beiden zum Training und Ergotherapie zu fahren.

Inspiration für dich bzw. was mir/uns geholfen hat

Vieles mehr haben wir verstanden in dem Moment, wo wir angefangen haben, uns mit dem Thema toxische und narzisstische Menschen zu beschäftigen. Das war uns bisher beiden eher unbekannt. Eine wunderbare Quelle, sich dieses zu erschließen ist für uns heute noch baresoma.de.tox auf Instagram. Diese tolle Frau gestaltet dort einen persönlichen Blog zum Thema „Wie funktionieren ungesunde Menschen/Beziehungen?" und bringt vieles, was wir zunächst nicht verstanden haben, wunderbar auf den Punkt. Falls du dir irgendwie unsicher bist, ob du in einer ungesunden Beziehung mit einem toxischen und/oder narzisstischen Menschen steckst, bist du bei Babsi genau richtig. Sie wird dir helfen, die Augen zu öffnen.

Eines ihrer aktuelleren Themen zum Beispiel ist, was auch unser jeweiliges Gegenüber nicht ausstehen konnte, nämlich wenn deine Aufmerksamkeit woanders hingeht außer zu ihm/ihr. Wenn du dich über etwas freust, glücklich und/oder erfolgreich bist, vielleicht sogar Spaß an deiner Arbeit hast und damit erfolgreich bist. Warum? Du darfst nicht erfolgreicher sein als dein Gegenüber. Ist das gesund? NEIN. Viel Spaß beim Lesen von Babsis Blog. Wir waren und sind begeistert. Danke, liebe Babsi.

> *„Aufgrund persönlicher Gründe beschließe ich,*
> *ab jetzt mein Licht voll aufzudrehen und*
> *heller zu strahlen als jemals zuvor."*
> **(Quelle: @christinavikoler/Instagram)**

Profiblick aus der systemischen Beratung

Woran kannst du erkennen, ob du in einer toxischen Beziehung steckst? Du erkennst es daran, dass dir deine Beziehung überhaupt nicht gut tut, dich sogar körperlich und/oder seelisch krank macht. Eigentlich ein sehr großes Thema – versuchen wir es ein Stück weit auf den Punkt zu bringen. Stell dir bitte folgende Fragen in Bezug auf deine eigene Beziehung ...

- Wie gestaltet sich eure gemeinsame Zeit – überwiegend leicht und unbeschwert?
- Streitet ihr viel/regelmäßig?
- Wie hat sich in der Zeit mit deinem Partner das Verhältnis zu Familie und Freunden entwickelt? Bist du ggf. isoliert/allein?
- Kannst du bei deinem Partner/deiner Partnerin so sein, wie du bist – also authentisch?
- Hast du Angst vor Diskussionen, wenn du deine Meinung sagst?
- Gab es zwischen euch körperliche Auseinandersetzungen?
- Werden in eurer Beziehung Drohungen ausgesprochen?

Es gibt noch mehr Fragen, die wichtig wären zu beleuchten. Bereits diese werden dir eine gute Möglichkeit geben zu beurteilen, ob du in einer toxischen Beziehung steckst oder nicht. Hast du das Gefühl, das dem so ist, suche dir eine Vertrauensperson oder besser nutze die kostenfreie Telefonseelsorge. Hier bekommst du kostenlose genauso wie vertrauliche Unterstützung und Orientierung in deiner Situation.

6 „Du bist geldgeil und total materialistisch"

Perspektive aus drei Jahren Beziehung

Wie schreibt man das eigentlich ... zusammen oder getrennt. OK, klein und zusammen. Eine eher negative Beschreibung, abwertend und bedeutet, dass man bestrebt ist, so viel Geld wie möglich anzuhäufen. In allen Belangen in erster Linie auf den wirtschaftlichen und finanziellen Vorteil bedacht, dafür steht materialistisch. Schade, dass ich es jetzt erst gelernt habe, mich mit diesen Bemerkungen intensiv zu beschäftigen. Dazu würde mir übrigens spontan so was einfallen, wie ist es eigentlich so, wenn man mit den Fingern auf andere zeigt, dann zeigt man nämlich mit drei Fingern auf sich selber**. Bitte mach mal diese Geste und du wirst spüren, dass es genauso ist. In der Tat bin ich sehr bodenständig aufgewachsen und habe nicht jede Klassenfahrt in der Schule mitgemacht, um meine Eltern finanziell nicht zu belasten. Alles, was ich heute habe und bezahlen muss, kommt aus meiner eigenen Tasche. Ja, alles. Komplett alles. Dafür habe ich viel und hart gearbeitet und dabei auch noch Spaß gehabt. Mit Marken wie Louis Vuitton, Porsche und anderen habe ich mich erst beschäftigt, als ich mein Gegenüber kennengelernt habe. Lässt auch tief blicken, oder? Ja, ich gönne mir u. a. eine Reinigungsfirma für die Fenster zweimal im Jahr für 70 Euro. Ich kann als Frau nicht alles reparieren und muss schon überlegen, ob ich es dennoch versuche und viel Zeit dafür drauf geht oder ob ich gleich etwas Neues kaufe. Wenn ich dann geldgeil und materialistisch bin, von mir aus. Selber habe ich dies noch nie einem Menschen gesagt. Warum eigent-

---

** Quelle: „50 Sätze, die das Leben leichter machen" von Karin Kuschik

lich nicht? Nun, weil ich denke, dass jeder für sich entscheiden darf, wie wichtig ihm Geld ist und was er sich davon kauft. Ich für meinen Teil bin dankbar auch für kleine Sachen, wo keine Marke draufsteht und oftmals freue ich mich, wenn ich beim Aldi, Netto, Edeka oder Rossmann mir einfach leisten kann, worauf ich gerade Lust habe. Das ist wirklich nicht selbstverständlich und dafür bin ich wirklich unfassbar dankbar.

Perspektive aus 18 Jahren Beziehung

„Geld, Geld, Geld … bei dir geht's immer nur ums Geld. Auch deine Eltern sind auf Geld aus. Für euch existiert nur das Geld. Du bist einfach nur geldgeil und kein bisschen dankbar dafür, was ich dir alles gegeben habe." Solche Aussagen musste ich mir dann während der Trennung anhören. Dabei ging es in der Ehe nie ums Geld bzw. wurde mir nie gesagt, dass ich geldgeil bin. Wir haben beide hart gearbeitet und wir beide hatten einen Nebenjob. Wir sparten immer, damit wir den Kindern etwas Schönes leisten können. Plötzlich hieß es dann in der Trennung, dass ich nur sein Geld wollte und sogar Geld versteckt haben sollte – ich wüsste gerne wo, denn dann wäre mein Neustart nicht so schwer gewesen und ich müsste mir kein Geld leihen, um den Kindern neue Betten etc. kaufen zu können. Dazu kam auch die Aussage, dass ich nie gearbeitet hätte. Schließlich saß ich mit meinem „fetten Arsch" auf dem Sofa und hätte nichts im Alltag geschissen bekommen. So auch die Aussage seiner Schwester, die ihn bestätigte. Er hätte schwer gearbeitet, während ich mir ein schönes Leben gemacht hätte. Ich wäre dafür nie dankbar gewesen und wüsste es gar nicht zu schätzen. Er hätte sein ganzes Leben geopfert, um für mich alles zu machen und als Dank bekam er ja nur Abweisung. Keine Zärtlichkeiten, keine Umarmungen, nichts. Aber ja ok, verstehe ich alles natürlich!

Inspiration für dich bzw. was mir/uns geholfen hat

Den eigenen Kopf anzumachen und sich selber zu fragen, ob das so ist oder sein kann. Freunde/Freundinnen fragen, Kollegen/Kolleginnen und die Ursprungsfamilie fragen, ob das so sein kann oder so ist. Und dann mal abwarten, was da für Antworten kommen. Was ist denn, wenn man selber sehr bodenständig und realistisch aufgewachsen ist, sich alles selber erarbeitet hat und alles, was man hat und kauft, vom eigenen Geld bezahlt? Sich auch schöne und tolle Sachen gönnt? Bei Aldi und Kik einkaufen geht, genauso wie sich ein teures Auto und Uhr leistet. Ja, was ist denn dann? Ist das materialistisch? Wenn mein Gegenüber mir eine Louis-Vuitton-Handtasche kauft vom gemeinsamen Konto für 1800 Euro und ich nicht in die Luft springe vor Glückseligkeit, bin ich dann auch materialistisch? Wenn mein Gegenüber mich bei dieser Tasche darauf hinweist, diese nicht überall mit hinzunehmen und nicht auf den Boden zu stellen, weil diese einfach zu teuer ist. Wer ist dann eigentlich wirklich materialistisch. Also, mach deinen eigenen Kopf an und frage dich selber und dein Umfeld und du wirst gute Antworten finden. Außerdem – sind wir heute nicht alle ein bisschen materialistisch, wenn wir nicht gerade nur mit einer Zahnbürste in einer Höhle auf La Gomera wohnen ☺...

> *„Ein Mann, der dich an seiner Seite will,*
> *wird sich dementsprechend verhalten.*
> *Merk dir das, mein Herz."*
> **(Quelle: Shahi Rocoski/Instagram)**

Profiblick aus der systemischen Beratung

Welchen Stellenwert du Geld beimisst, kannst nur du selber bewerten. Also auch die Bewertung eines anderen Menschen, ob dieser materialistisch ist oder nicht, ist ebenfalls sehr subjektiv zu betrachten. Was ist überhaupt Materialismus? Wir leben alle in einem Zeitalter des absoluten Wohlstandes. Aus psychologischer Sicht hat Materialismus zunächst eine ganze Menge mit der eigenen Lebenseinstellung zu tun. Bleiben wir an dieser Stelle diesbezüglich der Einfachheit halber einfach bei der Anschaffung von Eigentum. Menschen, die eine hohe materialistisch-orientierte Prägung haben, bewerten den Erwerb und Besitz von Dingen und Gütern als wesentliche Voraussetzung für Glück, Erfolg und Sinnerfüllung im eigenen Leben. Es ist eine Frage der generellen Einstellung. Eine geringe materialistische Ausprägung würde bedeuten, nichts oder wenig zu benötigen im Leben, um glücklich zu sein. Zumindest die Glücksforschung zeigt, dass Erlebnisse zu wesentlich mehr Lebensglück beitragen als materielle Güter. Bist du also materialistisch? Das kannst nur du dir selber beantworten und ist Ansichtssache und ganz ehrlich, wäre es wirklich schlimm, wenn es so wäre?

7 „Einen Scheiß hast du mir erzählt, wahrscheinlich eher einem anderen Mann/einer anderen Frau"

Perspektive aus drei Jahren Beziehung

Irgendwann habe ich dann angefangen zu denken, dass ich verrückt werde. Mein Leben lang hatte ich nicht nur eine sehr gute Aufnahmefähigkeit, sondern wusste schon auch, was ich wem wann gesagt habe. Dann wurde es in der Zeit mit meinem Gegenüber wirklich merkwürdig. Immer öfter gab er mir zu verstehen, dass ich ihm von einem Termin nicht erzählt hatte, ihm die Frage vor zwei Tagen nie im Leben gestellt hatte usw. Mein Leben lang bin ich krass organisiert und strukturiert und liebe es, To-dos zu erledigen. Mich dabei mitzuteilen und gleichermaßen zu fragen, schien auf einmal auf ganzer Linie nicht mehr zu funktionieren. Also fing ich an, mir die Dinge noch besser zu merken und teilweise irgendwann aufzuschreiben. Das Ergebnis bei meinem Gegenüber mir gegenüber änderte sich allerdings nicht. Angeblich war ich es, die vergessen hatte, etwas zu erzählen bzw. zu fragen. Was war denn nur mit meinem Kopf los? Ich fing an, an mir selber zu zweifeln und so versuchte ich, noch mehr mir alles akribisch zu merken und noch mehr aufzuschreiben. Was für eine Freude muss es für mein Gegenüber gewesen sein, mich absichtlich so zu verunsichern und so zu manipulieren. Am Ende konnte ich es in seinem Gesicht sehen, wie viel Spaß ihm das machte. Einfach nur unglaublich hässlich und übrigens eine Form psychischer Gewalt, wie ich heute weiß. Bis heute weiß ich eines nicht, hat mein Gegenüber das bewusst gemacht oder nicht. Mittlerweile schrieb ich mir getätigte Aussagen meinerseits mit Datum und Uhrzeit ihm gegenüber ja auf und er stritt sie dennoch ab. Also wusste er, was er tat? Eigentlich total egal. Und natürlich habe ich wie jeder Mensch auch mal vergessen, etwas zu erzählen oder etwas verwechselt, ich bin nicht perfekt und habe es übrigens auch noch nie behauptet.

Perspektive aus 18 Jahren Beziehung

„Oh, wann hast du das denn beschlossen? Sag bloß, dass es jetzt gerade ein spontaner Geistesblitz war und ihr euch zufällig spontan dazu entschieden habt, euch zu treffen!?" – „Ja, wir haben es erst vor paar Minuten/Stunden entschieden"... „Nein, du lügst, das habt ihr schon lange geplant und erst jetzt sagst du mir es. Findest du dein Verhalten nicht respektlos? Das hättest du mir sofort sagen müssen!!!" „Ja, aber wir haben es doch erst jetzt beschlossen" ... „Ja, ja, ist klar ..."

So verlief fast jede Verabredung mit meinen Freundinnen. Jedes Mal hatte ich ein schlechtes Gewissen, weil ich den Fehler immer bei mir gesucht habe. Dabei gab es keinen Fehler. Ich meine, wir sind erwachsen Menschen, wir müssen uns nicht sofort beim Partner melden und ein „Freundinnen-Date" durchgeben und es genehmigen lassen. Es reicht doch aus, wenn man es abends dem Partner erzählt und fragt, ob er da schon etwas vorhat und ob dieser Tag für ihn in Ordnung wäre. Also, mehr als das muss man doch nicht erfragen. Irgendwann habe ich mich so gefühlt, als ob ich einen „Antrag" bei ihm dafür stellen müsste. Danach bin ich tatsächlich in diese Programmierung gegangen und habe mich bei jeder Verabredung sofort bei ihm gemeldet und ihm es mitgeteilt, damit ich bloß keinen Stress zu Hause habe, dass ich es „zu spät" angemeldet habe. Nichtsdestotrotz gab es Situationen, in denen ich mir wieder dasselbe anhören musste und auch da sah ich den Fehler bei mir, obwohl es gar keinen Fehler daran gab.

Inspiration für dich bzw. was mir/uns geholfen hat

Beschäftige dich bitte auf jeden Fall mit Gaslighting, um es nicht nur zu erkennen, sondern genauso auch abzuwehren. Wir beide haben unabhängig natürlich voneinander an unseren jeweiligen persönlichen Wahrnehmungen sowie Auffassungsgabe gezweifelt und die eigene geistige Gesundheit infrage gestellt. Die Manipulationstechnik Gaslighting war uns beiden bis dahin völlig unbekannt gewesen. Es macht durchaus sehr viel Sinn sich frühzeitig mit dieser Form der dunklen Psychologie zu beschäftigen: „Gaslighting erkennen und abwehren" als Hörbuch von Anna-Lena Palek; kurz, knapp und hilfreich auf den Punkt wird es dich zu einigen Erkenntnissen bringen.

> *„Entweder …*
> *Du sprichst es aus und riskierst,*
> *alles zu zerstören oder du frisst es in dich rein*
> *und zerstörst dich selbst.*
> *Du hast die Wahl."*
> **(Quelle: motivations.house/Instagram)**

Profiblick aus der systemischen Beratung

Direkt an dieser Stelle aufnehmend steht Gaslighting für eine spezielle Form des Missbrauches. In Beziehungen ist es eine gefährliche Form der Manipulation, welche dazu genutzt wird, den anderen (unbewusst) zu verunsichern und/oder leiden zu lassen. Es ist emotionaler Missbrauch. Zwei wichtige Fragen, die du dir auf jeden Fall stellen solltest, ist, ob du dich in deiner Beziehung psychisch unter Druck gesetzt fühlst und ob in deiner Beziehung deine vorhandenen Probleme nicht oder deutlich weniger von Relevanz sind. Auftreten kann Gaslighting übrigens immer, wenn Menschen zusammenkommen. Speziell in einer Partnerschaft sind die Gaslighter oftmals unsichere Menschen, welche Angst haben, ihren Partner zu verlieren und deswegen versuchen, den Partner auf diese Art und Weise in eine emotionale Abhängigkeit zu bringen. Die Unsicherheit ist allerdings nur ein Aspekt, meist neigen Gaslighter auch zu Selbstverliebtheit und Lust andere zu quälen. Insgesamt eine eher ungesunde Partnerschaft, welche die Psyche „vergiftet" dadurch das du manipuliert und emotional abhängig gemacht wirst. Fühlst du dich in deiner Beziehung klein, schwach und untergeordnet? Zweifelst du an deiner eigenen Wahrnehmung? Kennst du folgende Sätze dir gegenüber: „Wenn ich dir wirklich wichtig wäre .../ du übertreibst .../Wärst du nicht so." Dann sprich mit einer dir vertrauten Person und reflektiere deine Wahrnehmung. Nicht jede Manipulation ist Gaslighting. Gespräche mit vertrauten Menschen helfen dir aber, dir darüber im Klaren zu werden, ob du dir das schädliche Verhalten einbildest oder nicht. Frage dich final auf jeden Fall eines, nämlich ob du so glücklich in deiner Beziehung bist.

8 „Du bist doch krank. Geh mal zum Psychologen und lass dich behandeln"

Perspektive aus drei Jahren Beziehung

Was ich bis heute wirklich nicht nachvollziehen kann, ist, dass du mir sagst, wie viel ich dir bedeute, und wenn du dann wütend auf mich bist oder ich eben nicht so funktioniere, wie du es dir wünscht, dann bin ich diejenige, die krank ist und sich in eine psychologische Behandlung begeben soll? Wenn ich verärgert über dich bin, sage ich viel und meine das gar nicht so hat mir mein Gegenüber dann oftmals gesagt. Wehgetan hat es dennoch jedes Mal. Leider habe ich drei Eigenschaften, die dem noch weniger zuträglich gewesen sind in der Zeit: viel zu belastbar, verzeihe zu schnell und strebe nach Ruhe und Harmonie. Irgendwann habe ich auf diese Worte hin nur noch innerlich geweint, mir auf die Zunge gebissen, um ja keine einzige Träne zu zeigen. Manchmal bin ich noch kämpferisch geworden und habe mich verteidigt und wie mein Gegenüber sagen würde, mich gerechtfertigt. Bitte nicht falsch verstehen, es gibt immer zwei Seiten der Medaille und ich bin ganz sicher nicht perfekt. Heute ist mir klar, dass ich mit Menschen, die sehr aufbrausend/ laut/angreifend/cholerisch sind und sich ein paar knappe Millimeter vor mir drohend aufbauen einfach nicht klar komme. Aber ich vergaß, auch das Verhalten meines Gegenübers lag ja an mir. Wenn ich mich im Griff hätte und nicht so krank wäre, dann müsste er nicht so agieren. Wer auch immer hier richtig liegt, keine Ahnung. Oftmals habe ich mir gewünscht, dass jemand Außenstehender mal alles mitbekommt und entweder mir sagt, dass ich total falsch liege oder nicht. So aber hatten wir eine schwierige Dynamik im Umgang miteinander und irgendwann war meine Taktik, am besten gar nichts mehr zu sagen und mich quasi totzustellen. Wie viel Zeit ich rückblickend damit verbracht habe, mir stundenlange Monologe anzuhören, weiß ich heute nicht mehr. Insgesamt dürften es Wochen, Monate gewesen sein, und ganz ehrlich, dass ich das heute nicht mehr ertragen muss, macht mich unfassbar glücklich. Nein, ich bin übrigens nicht krank, sondern sehr gesund. Leider bin ich auch sehr tolerant und habe lange an mein Gegenüber geglaubt und vieles toleriert, was man in keiner Beziehung hinnehmen darf, egal, von welcher Seite es kommt. Aber das ist letztendlich mein eigenes Thema, welches es zu bearbeiten gilt.

Perspektive aus 18 Jahren Beziehung

Ich bin derzeit in Therapie, sogar in doppelter, und was kann ich dazu sagen!? Ich bin durch dich krank geworden. Ich habe aber keine pathologische Diagnose. Nur die heftigen Nachwehen einer toxisch-narzisstischen Beziehung, die mir leider bis zur Trennung als solche, nicht bewusst waren. Ich dachte, es gehört sich alles so. All seine Programmierungen spielen in meiner Festplatte immer noch eine große Rolle. So einfach kann man diesen Virus nicht löschen. Dafür gibt's keinen Knopf – leider; sonst hätte ich ihn schon mehrmals gedrückt. Manchmal ertappe ich mich, wie ich nach seiner Programmierung agiere und frage mich dann, wie ich denn agiert hätte. Leider fehlt mir dazu oft eine Antwort, weil ich nicht mehr weiß, was mein „wahres Ich" gemacht hätte. Dazu muss ich gestehen, dass es nicht meine erste Therapie ist. Ich war bereits vor Jahren in einer Verhaltenstherapie, weil ich bereits da schon dachte, dass etwas mit mir nicht stimmen würde. Auch da musste ich mir schon komische Sachen von ihm anhören. Und auch da habe ich den Fehler bei mir gesucht. Bereits damals da gab es keine offizielle Diagnose für mich. Als ich ihm gesagt habe, er solle mal bezüglich seiner krankhaften Eifersucht einen Therapeuten aufsuchen, sagte er mir, er würde es nur machen, wenn ich mich nicht trennen würde, da er es ja nur für mich machen würde. Als er dann einen Therapeuten hatte, war nach ca. zwei bis drei Sitzungen schon Feierabend. Mit der Aussage, dass die Therapie nun überflüssig wäre, da ich mich ja schon getrennt habe und er es für nicht mehr nötig hält, da ich ja die Kranke bin. Auch vor den Kindern sagte er oft, dass ich psychisch krank wäre und mich endlich mal therapieren lassen soll. Schließlich wäre es schrecklich für die Kinder, eine psychisch kranke Mutter zu haben und die Kinder würden ihm jetzt schon leidtun, dass die so eine Mutter haben. Die Oberkrönung kam, als ich ihm kurz vor der Trennung sagte, dass ich es nicht mehr aushalten und unbedingt mit jemand Professionellem sprechen müsste, da ich das Gefühl habe, dass ich das nicht mehr kompensieren kann – kam als Antwort, dass er mich in die Psychiatrie einliefern würde. Dabei sagte ich ihm nur, dass ich mit seinem Druck und seinen Terror nicht mehr klarkomme und er es bitte sein lassen soll. Und nein, er ist kein Therapeut o. Ä. Und nein, ich muss mir nicht von meinem Mann anhören, dass ich psychisch krank sein, ein Burn-out habe oder in einer Winterdepression stecke. So was werde ich mir nie wieder anhören müssen! Keiner soll sich so was anhören müssen. Mit der Psyche ist nicht zu spaßen. Zerbricht diese, zerbricht alles …

Inspiration für dich bzw. was mir/uns geholfen hat

Bist du Arzt? Hast du Psychologie studiert, oder warum kannst du regelmäßig Diagnosen stellen und andere Menschen bewerten? Entschuldige bitte, das kann ich einfach nicht ernst nehmen. Kann ja grundsätzlich als Spaß echt mal witzig sein, aber nicht ernst gemeint in einem handfesten Streit. Normal ist das nicht. Toxische Beziehung bedeutet, dass er dich nicht gehen lassen kann, aber gleichzeitig schafft er es, dich nicht so zu behandeln, wie du es verdienst. Er bringt dich stattdessen dazu zu glauben, dass nur du das Problem bist. Aber im Endeffekt ist sein Verhalten daran schuld und nicht du.

Beschäftige dich auf jeden Fall mit dem Thema der toxischen Beziehung. Wir haben beide dazu sogar Tests online gemacht und alleine die Fragen, die du kurz und knapp beantworten kannst, werden dir ganz heftig deine Augen für das öffnen, was in deinem Leben passiert.

„Schämt euch nicht über eure Handlungen oder
Taten in einer narzisstischen und/oder toxischen Beziehung!
Redet! Ihr wart dort nicht ihr selbst!"
(Quelle: kamila_1983w/Instagram)

Profiblick aus der systemischen Beratung

Sicherlich auch ergänzend zu Kapitel 5; noch ein Stück weit konkreter und intensiver: Der Begriff der toxischen Beziehung ist zunächst einmal kein wissenschaftlicher Begriff und vor allem nicht eindeutig definiert. Die letzten Jahre ist dieser zudem stark in Mode gekommen und durch die sozialen Medien, ob nun zu Recht oder zu Unrecht immens verbreitet worden. Grundsätzlich versteht man unter einer toxischen Beziehung eine Form der häuslichen Gewalt bzw. eine dysfunktionale, destruktive Beziehung. Das wichtigste Anzeichen für eine sogenannte toxische Beziehung ist, dass eine Weiterentwicklung im Grunde nicht stattfindet, sondern dass man sich stattdessen in Kreisen zerstörender Muster und Verhaltensweisen bewegt. Eine Beziehung dieser Art ist im wahrsten Sinne vergiftet und damit sehr ungesund, weil sie viel Energie und Kraft kostet. Häufig möchte ein Partner in dieser Form der Beziehung mit aller Macht die Kontrolle haben und schreckt dafür nicht davor zurück, den anderen zu erniedrigen, emotional und/oder körperlich zu misshandeln. Typisch für toxische Beziehungen ist zudem das Aussprechen von Drohungen und Ultimaten. Thematisch könnte man genau jetzt sicherlich ein ganzes Buch zu diesem Thema füllen. Bleiben wir an dieser Stelle der Einfachheit halber zunächst einmal bei einer sinnvollen Auswahl, an der du erkennen kannst, dass du dich ggf. in einer toxischen Beziehung befinden könntest.

- Egal, was oder wie viel du für deinen Partner/deine Partnerin tust, es reicht ihm/ihr nicht oder ist ihm/ihr nicht recht.
- Bei inakzeptablen Verhalten übernimmst du automatisch die Verteidigung vor Familie und Freundeskreis, teilweise auch über Lügen und/oder Verschweigen von Tatsachen.
- Dein Partner/deine Partnerin ist nach außen anderen gegenüber megacharmant, hilfsbereit und sehr höflich sowie zuvorkommend. Zuhause cholerisch, aufbrausend, gewaltbereit und abwertend.
- Du bist zunehmend isoliert von Familie/Freunden/Nachbarschaft, über die in deiner Anwesenheit tendenziell eh schlecht gesprochen wird. Auch über die genannten sozialen Kreise hinaus versuchst du irgendwann selber jegliche Kontakte zu vermeiden.
- Deine Schwächen sind gut bekannt und werden in ständigen Diskussionen gegen dich verwendet. Ein oftmals beendetes Thema wird gerne immer wieder zu deinen Lasten verwendet, um dich zu verletzen.
- Du bist schuld daran, dass die Situation in der Beziehung so ist, wie sie ist. Würdest du dich anders verhalten, hätte man keine Schwierigkeiten und könnte glücklich sein.

Nur du selber kannst deine Beziehung vor dem obigen Aussagen beurteilen. Fakt ist, wenn es dir in einer Beziehung mehr schlecht als wirklich gut geht, du ggf. auch seelisch und/oder körperlich verletzt wirst, darfst du dies nicht ignorieren. Die Art der Beziehungen starten oft voller Leidenschaft. Deswegen hält sich auch die Hoffnung, dass es wieder so wunderbar werden könnte wie am Anfang meist sehr lange – oft viel zu lange.

9 „Du bist hässlich bzw. guck dich mal im Spiegel an, wie du aussiehst"

Perspektive aus drei Jahren Beziehung

Noch nie habe ich mich für überdurchschnittlich intelligent oder schön gehalten. Wahrscheinlich war das mein Fehler und ich somit ein gefundenes Fressen. Ja, Selbstwert und Selbstbewusstsein habe ich immer gehabt, aber im normalen Maß oder vielleicht ein bisschen darunter. Das ist heute übrigens anders. Ich kenne meinen Wert, genauso weiß ich mittlerweile, dass Abwertung von unten nach oben passiert. Oftmals habe ich mich gefragt, wie ein Mensch einem anderen so etwas sagen kann. Ich kann es nicht. Und ich habe es wirklich versucht, bei meinen Freundinnen. Aber es ging nicht und das ist auch gut so. Es hat mir aber ein Stück weit geholfen zu verstehen, dass ich einen Menschen, der es kann, so was immer wieder zu sagen nicht ertrage. Einerseits war ich total hässlich „So, wie du früher ausgesehen hast, na … kein Wunder, dass du mir nie aufgefallen bist." Puh, das hatte gesessen und sag mal, sprichst du vielleicht von dir selber? Ach was, egal … ich bin so nicht, nie gewesen und möchte auch nicht so sein. Einerseits hast du mir gesagt, dass du mich liebst und noch nie eine so schöne und tolle Frau an deiner Seite hattest und andererseits sagst du, ich bin hässlich. Ich möchte an dieser Stelle gar nicht alles wiederholen, was ich mir diesbezüglich zu meinem Körper und Charakter anhören durfte. Es war einfach nur widerlich und für mich unfassbar schwer, diese Extreme in den Aussagen zu verarbeiten. Irgendwann wusste ich gar nicht mehr, was ich eigentlich glauben soll und wer mein Gegenüber wirklich ist. Ich bin heute immer noch sehr traurig, was ich habe mir sagen und mit mir machen lassen. Vieles hat mein Sohn mitbekommen und ich schäme mich dafür, einen Menschen wie mein Gegenüber nur einen Tag in mein Leben gelassen zu haben. Mir ging es sehr gut, bevor ich dich kannte, und jetzt zum Glück auch wieder. Haben sie dich früher auf dem Schulhof wirklich gehänselt und nicht ernst genommen? Das tut mir für dich aufrichtig leid und hat niemand verdient. Das, was du sagst, sagt meist mehr über dich aus als alles andere. Ich bin enttäuscht von dir und wie du mit Menschen umgehst. Wie du über andere Frauen redest und schlecht machst, als hättest du keine Erziehung genossen. Über deine eigene Familie viel Schlechtes erzählst. Über Menschen im Allgemeinen lästerst und diese in Schubladen steckst. Nur dich findest du toll, schon morgens, wenn du vor dem Badezimmer-spiegel stehst und deinen Bizeps spielen lässt. Keine Ahnung, wer du eigentlich bist, ich möchte aber mit dir nichts mehr zu tun haben. Ich gefalle mir übrigens, ich mag mich, meinen Kör-per. Aussehen ist aber tatsächlich vergänglich, für uns alle ir-gendwann. Auch für Dich.

Perspektive aus 18 Jahren Beziehung

Guck dich doch mal an, wer will dich!? Und dann auch noch mit zwei Kindern!? Ok, wow, das saß. Ich musste mich erstmal er-holen und habe später realisiert, was er von sich gegeben hat. Guck, dich doch mal im Spiegel an – du traust dir doch selbst nicht – wie soll ich dir dann noch trauen. Du bist einfach so verlogen, dass jedes zweite Wort gelogen ist. Da geh und schau dich an. Keiner will so was haben. Nur ich, ich habe dich so ge-nommen, wie du bist, weil ich dich über alles liebe. Weißt du was, ich dir wünsche – einen Kanaken, der dich vergewaltigt, schlägt und misshandelt. So einen richtigen Mistkerl, so ein Arschloch, wünsche ich dir. Der, dich mal so richtig verarscht und dich einfach mal sitzen lässt. Nicht so wie ich. Ich habe alles für dich gemacht und du!? Du hast mir nichts gegeben. Du weißt gar nicht, wie schlecht andere Männer ihre Frau-en behandeln. So froh und dankbar, dass ich immer so nett und lieb zu dir war. Ich wünschte mir, ich wäre so ein richtiges Arschloch zu dir, damit du mal merkst, wie es ist, wenn man dir nicht alles in den Arsch steckt. Schade, dass ich nicht schlecht behandelt habe. Nachdem ich ihn fragte, wie es er das alles mit mir macht, kam die Aussage: Zu Recht! Weil du es so verdient hast.

Inspiration für dich bzw. was mir/uns geholfen hat

Wenn dem so ist, dass mein Gegenüber mich hässlich findet, dann stellt sich doch berechtigterweise die Frage, was hält ihn/ sie noch auf? Tatsächlich, nach Stellen genau dieser Frage, erstauntes Schweigen bei unserem jeweiligen Gegenüber. Bei all den bisher genannten Aussagen kommen wir immer wieder an einen Punkt: Würde man selber das irgendeinem anderen Menschen auch sagen? Wahrscheinlich eher nicht. Zumal eine Bewertung in dieser Art, doch wirklich immer im Auge des Betrachters liegt. Ein besonders hilfreiches Mittel, dem nichts zu entgegnen, sondern viel besser dich selber zu stabilisieren und dein Selbstwertgefühl zu stärken, ist einen Brief an dich selber zu schreiben, wie du dich siehst, was du an dir magst, was nicht, worauf du stolz bist, was andere an dir mögen. Du brauchst ein klares Bild zu dir selbst. Wenn dein Gegenüber dir mit solchen Sätzen emotional schaden kann, ohne dass es an dir abprallt und du dich darüber nicht lustig machst oder neutral bleiben kannst, dann beschäftige dich dringend mit deinem Selbstwert/ Selbstwertgefühl. Denn selbst das negativste Urteil eines anderen macht uns nicht zu schaffen, wenn wir uns selbst akzeptieren und Stolz auf uns sind.

„Forgiveness is my gift to you.
Moving on is my gift to me."
(Quelle: positiveyou.usa/Instagram)

Profiblick aus der systemischen Beratung

Über eine andere Person in deren Beisein oder Abwesenheit schlecht zu sprechen, lächerlich zu machen oder zu verhöhnen, als unwissend, unfähig, inkompetent, dumm oder ggf. auch hässlich abzuwerten zeugt von einer eher herablassenden Haltung. Die Hintergründe für ein entsprechendes abwertendes Verhalten anderer Menschen können grundsätzlich sehr vielfältig sein und entstehen manchmal auch aus einer speziellen Situation heraus. Zurückzuführen ist dieses bewusste Verhalten aber immer auf das Persönlichkeitsbild desjenigen, der sich so verhält. Dafür gibt es mehrere Gründe, wie zum Beispiel Minderwertigkeitsgefühle, mangelnde Selbstsicherheit, Neid, eigene Negativität. Der andere wird schlecht bzw. klein gemacht, um sich selber groß zu fühlen. Wie aber damit umgehen? Der Initiator des runtermachenden Verhaltens erhofft sich keinen Widerstand zu bekommen, sondern eher Zurückhaltung und Unsicherheit auszulösen, um sich dann gestärkt zu fühlen in der eigenen Person. Ein selbstsicherer und selbstbewusster Umgang hilft also dem entgegenzutreten und somit nicht die Erwartungen zu erfüllen. Konkret macht es Sinn, diese persönlichen verbalen Angriffe konsequent zu ignorieren und dem anderen keine Macht und/oder Genugtuung zu geben. Dann doch lieber sich selbst mit Menschen umgeben, die einen so annehmen, wie man ist bzw. mit denen man konstruktive Gespräche Richtung Feedback und Kritik führen kann.

10 „Wie dumm und naiv du bist – alle nutzen dich aus"

Perspektive aus drei Jahren Beziehung

„Warum hilfst du immer anderen?" Weil es nicht viel kostet, weil es mich glücklich macht, weil ich gerne gebe und vielleicht auch Hilfe bekomme, wenn ich diese dann mal brauche, weil ich so erzogen wurde, hilfsbereit zu sein und absolut nichts dagegenspricht. Bin ich deswegen dumm oder naiv. Klar, gibt es auch Momente in meinem Leben, in denen ich mich gefragt habe, ob ich nicht einfach zu nett bin. Man kann es so oder so betrachten. Ich bin aufgewachsen in einer Welt, die nichts rosarot war, aber meist total in Ordnung. Man hat sich gegenseitig geholfen und auch keine Gegenleistung erwartet. Auch bin ich sehr unvoreingenommen anderen gegenüber und stecke Menschen ungerne in eine Schublade. Hey, ich bin kein ständig hilfsbereiter dummer Engel. Ich helfe gerne und bewerte Menschen einfache ungerne. Wenn mein Gegenüber mich deswegen als dumm und naiv bezeichnen möchte, bitte gerne. Hab aber nicht die Erwartungshaltung, dass ich dich toleriere, das habe ich lange Zeit gemacht mit deiner unglaublich toxischen, unterdrückenden, gemeinen und überheblichen Art mir und anderen gegenüber. Manchmal frage ich mich, ob andere es auch erkennen, wie du bist. Deine Familie hat es getan, wer zeigt schon seinen großen Bruder an wegen schwerer Körperverletzung und hat seine Eltern als Zeugen auf seiner Seite. Und du bist der große Bruder. Aber auch hier enthalte ich mich einer situativen Bewertung, weil ich nicht dabei war. Eines sage ich aber voller Überzeugung mit Blick auf deine Art und Weise mir gegenüber. Du bist für mich ein Minusmensch.

Perspektive aus 18 Jahren Beziehung

Du merkst gar nicht, wie dich deine Schlampenfreundinnen ausnutzen. Keiner von denen hat richtiges Interesse an dir. Du bist nur für die da und wenn du Hilfe brauchst, ist keiner für dich da. Merkst du was? Die nutzen dich nur aus! Wo sind denn alle, wenn du was brauchst!? Ja, das stimmt, es war keiner für mich da. Aber wie denn auch, wenn ich nie etwas erzählen sollte. So habe ich meine Probleme auch nie weitererzählt und habe alles für mich behalten. Natürlich konnte keiner für mich da sein. Wie denn auch? Die wussten ja nie, was abgeht, wie sollten sie mir denn da auch helfen?

Inspiration für dich bzw. was mir/uns geholfen hat

Loslassen von einem Menschen, der dich so sieht. Wenn du irgendwann glücklich sein möchtest, wirst du um diesen Schritt leider und definitiv nicht herumkommen. Denke dabei daran, bevor es wieder gut wird, wird es noch einmal sehr, sehr schwer. Damit umzugehen, zu verstehen und letztendlich auch umzusetzen ist nicht einfach, geholfen hat dabei das Buch „Jetzt lasse ich dich los" von Antonia Lehmann. Allein schon die Einführungsworte in diesem Buch zeigen sehr deutlich auf, was dir hilft und wie du dich bestmöglich lösen kannst. Absolut empfehlenswert, ein ausgezeichnetes Buch sofern du loslassen willst, es aber bisher nicht schaffst oder wenn du dich nach einer Trennung verloren fühlst und wieder zu dir finden möchtest.

„Du kannst jederzeit aus dem Drama aussteigen und
inneren Frieden wählen.Krisen beinhalten immer die Chance,
etwas Neues entstehen zu lassen. Jeder Moment enthält
die Möglichkeit für Heilung. Gefühle bleiben nicht länger als
drei Minuten, es sei denn, wir halten daran fest.
Unser Körper will uns immer in der Komfortzone halten
und versucht, uns mit Angst zu manipulieren, um
die Komfortzone nicht verlassen zu müssen. Warte nicht, bis du
dich bereit fühlst, deinen Träumen zu folgen,
denn die guten Gefühle kommen meistens erst,
nachdem wir den ersten Schritt getan haben."
(Quelle: Mögest du glücklich sein/KomplettMedia Kalender)

Profiblick aus der systemischen Beratung

Natürlich kann es sein, dass andere dich ausnutzen und es ist gut, wenn dir das jemand reflektieren kann, bevor es dir irgendwann einmal wirklich schadet. Vielleicht macht es an dieser Stelle einfach einmal Sinn, die eigene Hilfsbereitschaft zu hinterfragen. Die Kunst dabei ist es, sich nämlich nicht ausnutzen zu lassen. Woran könntest du denn merken, dass du ausgenutzt wirst, was sind konkrete Warnzeichen und gleichermaßen Fragen zur Eigenreflektion dafür ...

- Stellst du deine eigenen Bedürfnisse hinter denen anderer zurück?
- Hast du ein Bedürfnis, jedem zu helfen und unbedingt gebraucht zu werden?
- Kennst du deine eigenen Bedürfnisse und Wünsche und kannst diese entsprechend kommunizieren sowie priorisieren?
- Fragst du selber auch um Hilfe oder löst du deine Herausforderungen immer selber?
- Bietest du ständig von dir aus teilweise auch entfernten Bekannten/Fremden deine Hilfe an?

- Bekommst du auch etwas zurück oder investierst du nur in andere?
- Worin liegt eigentlich dein Motiv zu helfen? Welche Erwartungen habe ich an mich selber und an andere diesbezüglich?

Übermäßige Hilfsbereitschaft führt häufig dazu, dass du deine eigenen Bedürfnisse und Wünsche nicht nur vernachlässigst, sondern auch anderen keine Grenzen aufzeigst. Hilfsbereitschaft ist grundsätzlich erst einmal eine gute Charaktereigenschaft, kann aber eben auch negativ sein. Speziell Kindern ist es möglich, damit sogar zu schaden in der weiteren Entwicklung, wenn du ihnen alles abnimmst und nicht zutraust eigene Erfahrungen zu sammeln. Das Gute ist, du kannst jeden Morgen neu entscheiden, wie du damit umgehen möchtest und was dir selber guttut. Allein, dich aktiv damit auseinanderzusetzen, welchem Kreis an Menschen du vorrangig helfen möchtest und wie du damit umgehst, wenn man dich ausnutzt, bringt dich immens weiter, denn dann weißt du, was du willst und was eben nicht.

11 „Schau mal, wie du ausrastest. Du hast dich null im Griff"

Perspektive aus drei Jahren Beziehung

Am Anfang war ich immer ruhig, wenn mein Gegenüber ausfallend geworden oder ausgeflippt ist. Ganz ehrlich, ich kannte so ein Verhalten gar nicht und habe erst einmal aus meiner Ruhe heraus agiert. Sicherlich weil ich am Anfang auch noch mehr Verständnis und vor allem eigene innere Ruhe hatte. Na ja, und weil es am Anfang auch noch nicht so schlimm war wie zum Schluss. Es fällt mir schwer, in Worte zu fassen, was ich in diesen drei Jahren erlebt habe. Klar kannte ich Diskussionen und auch Streitereien aus meinem bisherigen Leben. Das, was sich in diesen drei Jahren für mich auftat, war mir komplett neu. Im Endergebnis rastete ich irgendwann selber aus und wurde verbal angriffig, genauso handgreiflich. Ich fing an, mich zu wehren, weil ich einfach unfassbar verzweifelt war und mich oftmals heftigst verteidigen musste. Bis heute schäme ich mich nicht nur dafür, sondern kann es einfach nicht glauben. Mittlerweile ist mir klar geworden, wie es meinem Gegenüber gefallen hat, mich aus meiner Mitte zu bringen. Irgendwann habe ich es in seinem Gesicht gesehen, dass wenn ich ruhig blieb, er immer noch einen draufgepackt hat an Demütigungen, Beleidigungen und/oder Drohungen, um mich zu provozieren. Was habe ich nicht alles versucht, ruhig zu bleiben. Aber wenn immer wieder deine Grenzen überschritten werden bis zu dem Punkt, wo deine tote Mutter beleidigt wird, ist es einfach für mich nicht mehr möglich gewesen. Zwischen den Anfängen und dem Endergebnis lag allerdings eine ganze Menge. Ich habe unfassbar viel geweint, versucht, die Situation zu verlassen, oder habe einfach geschwiegen und nur noch geatmet. Wie gesagt, ich verstehe es bis heute nicht. Mein Gegenüber hat mich dazu gebracht zu glauben, dass ich das Problem bin. Aber im Endeffekt ist es mein Gegenüber gewesen mit seinem perfiden Verhalten, das weiß ich heute.

Perspektive aus 18 Jahren Beziehung

Alter, warum wieder so aggressiv. Hast dich ja null unter Kontrolle. Komm mal klar. Komm mal runter. Boah, wie aggro. Ja, aber auch nur, weil du mich so weit gebracht hast. Ich? Ne! Niemals! Du hast dich einfach nicht unter Kontrolle. So ging jeder Streit aus. Erstmal provozierte er mich bis zum Gehtnichtmehr (ich habe einen übelst langen Geduldsfaden), dann war ich am Ende mit meinen Nerven und explodierte. Er kühlte in dieser Zeit aus, fühlte sich total sicher und gesettelt und schob alles auf mich. Nun war ich der Buhmann und musste mir wieder anhören, wie aggressiv und respektlos ich bin und mich wieder mal null unter Kontrolle habe. Siehst du, so, wie ich es immer gesagt habe, du kannst dich nicht beherrschen, wenn du aggressiv bist. Kein Wunder, dass du dich an viele gesagte Sachen nicht erinnern kannst. Kein Wunder, in so einer Situation vergisst man immer die Sachen, die man im Streit den anderen an den Kopf geworfen hat. Übrigens hat er das auch immer mit den Kindern gemacht. Er hat die total aufgeregt und ist dann friedlich zur Arbeit gefahren.

Inspiration für dich bzw. was mir/uns geholfen hat

Sich selber vergeben für das, was man hat mit sich machen lassen. Aber auch sich selber vergeben, dafür, wie man auf sein Gegenüber reagiert hat. Keiner von uns ist perfekt, jeder macht Fehler. Was auch immer geschehen ist, akzeptiere es und schenke dir selber Akzeptanz und Vergebung, damit du weitergehen kannst und glücklich bist. Beschäftige dich mit der Vergangenheit, lasse diese dann aber los. Leb deine Gegenwart, gestalte

deine Zukunft und lasse deine Vergangenheit hinter dir, indem du damit ein für alle Mal abschließt; auch und vor allem
mit deinem Gegenüber. Du warst in dieser Zeit nicht du selbst.

„Reaktion:
Lerne, ruhig zu bleiben.
Nicht alles verdient eine Reaktion.“
(Quelle: zitatursprung/instagram)

Profiblick aus der systemischen Beratung

Stell dir vor, ein paar Millionen Jahre zurück, vor dir steht ein
Säbelzahntiger. Was passiert? Der Sympathikus aktiviert bei
akuter Gefahr eine Flucht- oder Kampfreaktion, direkt nach
einer Schrecksekunde. Hier setzt das Bewusstsein völlig aus
und nur noch der Urinstinkt funktioniert und ruft Urabläu-
fe im Körper ab. Im Einzelnen kann man übergreifend zusam-
menfassen, dass ein Alarmsignal aus dem Gehirn einen Ad-
renalinstoß aus der Nebenniere freigesetzt und dass sich der
gesamte Körper auf eine Alarmreaktion einstellt. Die Herz-,
Puls- und Atemfrequenz beschleunigt sich, Hormone werden
verstärkt ausgeschüttet, die Muskeln spannen sich an und so
weiter. Hier spricht man von der Hauptphase der Stressreak-
tion. In dieser werden auch die letzten Energiereserven des
Körpers abgerufen.

Normalerweise folgt nach so einer Phase eine der Erholung,
um den Körper Gelegenheit zu geben, sich wieder zu erholen.
Sind wir jedoch ständig dem Überlebensprogramm ausgesetzt,
stößt unser Körper ständig Adrenalin aus. Der Körper handelt
nur noch impulsiv. Je mehr wir in dieser ständigen Extremsi-
tuation kommen, desto wiederholter antwortet der Körper mit
Kontrollverlust. Um diesem Herr zu werden, ist es wichtig, nach
solchen Einschlägen das Bewusstsein zu erlangen und sich zu
reflektieren:

- Was hat mich getriggert?
- Wie war daraufhin mein Verhalten?
- Was kann ich beim nächsten Mal anders machen?

Bei der nächsten extremen Situation wirst du merken, dass sich eine Veränderung bei dir einstellt. Du kannst dich anders verhalten, übe es einfach und schau, was möglich ist.

12 „Du hast das falsch verstanden"

Perspektive aus drei Jahren Beziehung

Immer wieder hatte ich es falsch verstanden, nicht richtig zugehört oder war einfach falsch mit dem, wie ich es sah. Häufig hörte ich in diesem Zusammenhang von meinem Gegenüber, dass er sich fragte, wie ich bisher überhaupt in der Lage war, Beziehungen zu führen, meinen Job geschafft hatte oder wie schlecht meine Eltern mich erzogen hatten. Letzteres traf mich übrigens heftig. Oftmals habe ich mich gefragt, wie ich eigentlich in meinem bisherigen Leben vor meinem Gegenüber mit den Menschen um mich herum klargekommen bin. Immer öfter habe ich mich auch gefragt, ob ich schon immer vieles falsch verstanden hatte und es mir nur jetzt endlich mal jemand deutlich ins Gesicht gesagt hatte. Leider bekam ich immer mehr und öfter das Gefühl, nicht mehr klar denken zu können, und hatte wirklich das Gefühl, fast alles falsch zu verstehen. Ich habe unfassbar an mir selber gezweifelt und mich regelmäßig gefragt, ob ich langsam verrückt werde. Heute ist mir klar, dass mein Gegenüber außerordentlich geschickt darin war, nicht nur jedes Haar in der Suppe zu finden, sondern auch welche selber reinzulegen, um mich zu kritisieren. Am Ende habe ich im Gesicht meines Gegenübers gesehen, wie viel Spaß ihm das gemacht hat, mich in entsprechende Situationen zu bringen, mich zu verunsichern und mir zuzuschauen, wie ich an mir selber zweifelte. Was dazu führte, dass ich ja angefangen hatte, mir einiges aufzuschreiben, teilweise mit Datum und so erkannte ich, dass er mich einfach unglaublich heftig manipulierte. Beeindruckend im Nachgang war für mich auch zu erkennen, dass er angeblich immer andere Menschen im Nachhinein befragt hatte zu missverständlichen Gesprächssituationen und sowohl seine Freunde/Familie/ Kollegen grundsätzlich es genauso sahen wie er und ich es natürlich mal wieder falsch verstanden hatte. Wie dumm von mir. Bis zu diesen drei Jahren hatte ich noch nie einen Partner gehabt, der mich scheinbar ständig falsch verstand. Mich machte das selber immer wieder fassungslos und ich fühlte mich hilflos. Ich glaube bis heute, dass mein Gegenüber daran seine ganz persönliche große Freude hatte und das ist einfach nur krank.

Perspektive aus 18 Jahren Beziehung

Ich habe das Gefühl, dass ich mit ihm immer etwas falsch verstanden habe. Schließlich habe ich sein Verhalten immer falsch interpretiert, weil ich mich falsch verhalten habe und dadurch ja wieder ihn falsch verstanden habe. Ja, genau so habe ich mich auch gefühlt. Gaslighting pur. Alles, was ich gemacht habe, was ihm nicht passte, habe ich, als er mich darauf angesprochen hat, einfach falsch verstanden. Ok, wow, krass. Aber warum habe ich denn so viel falsch verstanden? Ja, ganz einfach, weil er es selbst nicht wusste, was er von sich gibt. Wie soll ich es dann richtig verstehen, wenn der Absender noch nicht mal weiß, was er von sich gibt. Reinster Hirn-Karneval und die Suche nach dem Fehler in einem Selbst. Schließlich hat er ja gesagt, dass ich ihn wieder mal falsch verstanden haben soll. Denn er macht ja alles aus Liebe und nur für mich, da gibt es eigentlich nichts zum falsch verstehen. Oder auch doch? Nein, es war alles so richtig, wie du es mir gezeigt hat. Du hast mir jedes Mal gezeigt, wer du wirklich bist und wie du wirklich tickst. Nicht ich habe es falsch verstanden, sondern du warst derjenige, der es einfach falsch gesendet hat!

Inspiration für dich bzw. was mir/uns geholfen hat

Darüber nachzudenken, wer oder was mir Energie schenkt und wer oder was nicht. Es gibt sie wirklich die persönlichen Energiespender wie gute Gespräche, sportliche Aktivitäten, Gartenarbeit in der Sonne, Tiere streicheln etc. und Energieräuber wie toxische/narzisstische Menschen. Wir haben beide gemerkt, dass wir glücklicher und zufriedener durch das eigene Leben gehen, indem wir uns das einmal bewusst aufgeschrieben haben, was/wer uns guttut und was/wer nicht. Oftmals haben wir das alles schon im Kopf. Tatsächlich hat es schwarz auf weiß noch einmal einen ganz anderen Wert bzw. eine andere Dynamik und Dramatik, um in die Handlung zu kommen. Speziell eine Beziehung sollte dir übrigens Sicherheit, Ruhe und Energie geben.

„Lektion:
Nicht jeder Mensch ist auserwählt,
in deinem Leben zu bleiben.
Manche sind nur so lange da,
bis du eine bestimmte Lektion verstanden hast."
(Quelle: erfolgsart/Instagram)

Profiblick aus der systemischen Beratung

Was macht man eigentlich am besten, wenn man immer wieder aneinander vorbeiredet und nicht auf einen Nenner kommt? Was für Möglichkeiten und Optionen bieten sich an dies zu vermeiden? Männer und Frauen reden übrigens sehr oft aneinander vorbei, was unter anderem daran liegen könnte, dass Frauen über Gefühle reden und Männer handeln wollen. Tendenziell kommunizieren Männer direkt und handlungsorientiert, Frauen dafür indirekt mit Subbotschaften, welche die Männer oftmals wiederum nicht verstehen. Auf den Mann wirkt die Frau oftmals nörgelnd und wenig Klartext sprechend. Sie drückt vieles bildlich aus und verwendet oftmals den Konjunktiv. Aus Sicht der Frau ist der Mann häufig belehrend, dozierend und kritisiert. Die Art und Weise des Dialoges ist also per se schon jeweils unterschiedlich. Der Trick ist es, sich in der Mitte zu treffen und aufeinander bzw. die unterschiedlichen Kommunikationsbedürfnisse einzugehen. Was ist aber, wenn hinter dem „Du hast mich falsch verstanden" etwas ganz anderes, Schwerwiegenderes steckt? Was ist, wenn das Gesagte als Angriff empfunden wird. Wenn dazwischengeredet wird und dies einem feindlichen Gegenangriff ähnelt? Dazwischenreden bzw. den anderen zu unterbrechen hat eine Botschaft: Abwehr. Häufig ist die Grundlage für Kommunikation an diesem Punkt schon stark zerstört. Gibt es in den Gesprächen keine Momente der Einheit mehr, in denen man sich ansieht und in Verbindung steht, sondern steht einem oder beiden eher Unverständnis ins Gesicht geschrieben, kann man erkennen, dass auch der Inhalt der Kommunikation nicht mehr wirklich ankommt. Häufig hilft es, sich selber zu reflektieren – habe ich meine eigenen Gedanken, bevor ich kommuniziere, sortiert, damit mich mein Gegenüber überhaupt verstehen kann. Ja, und manchmal muss man sich auch den Tatsachen stellen, dass ein anderer Mensch einen ganz bewusst nicht verstehen möchte. Daran kann man gemeinsam arbeiten oder es auch gemeinsam lassen, glücklich macht Letzteres dann aber sicherlich nur, wenn jeder seinen Weg alleine weitergeht.

13 „Wie hast du es nur geschafft im Job - du musst dich hochgeschlafen haben"

Perspektive aus drei Jahren Beziehung

Das habe ich tatsächlich nicht. Warum? Es gibt zwei Gründe: Meine eigenen Werte und Normen würden dies nicht zulassen. Widerlich, so etwas einer Frau überhaupt zu sagen, weil man selber scheinbar klein und armselig ist. Sorry, etwas Neutraleres fällt mir dazu einfach nicht ein. Außerdem, ich schrieb vorhergehend bereits über meinen Lebenslauf, hatte ich es zum Glück nicht nötig. Ich hasse ganz wenig in meinem Leben, was ich aber hasse, ist, andere zu bewerten, wenn man selber nur wenig zu bieten hat. Mein Gegenüber muss der Neid und die Missgunst so zerfressen haben, was mir leider erst später klar wurde. Er hatte es für eine lange Zeit aber wirklich geschafft, mit derartigen Aussagen meine Kompetenz regelmäßig infrage zu stellen. Immer öfter habe ich mich deswegen klein und unfähig gefühlt sowie angefangen, mich selber nahezu täglich infrage zu stellen. Immer weniger gelang es mir, meine eigenen Grenzen aufrechtzuerhalten, stattdessen habe ich mich erniedrigt und schwach gefühlt wie ein hilfloses kleines und dummes Kind, das seinen eigenen Gefühlen nicht mehr vertraut. Vor lauter Respektlosigkeit mir gegenüber habe ich mich immer weniger selber gespürt, dabei ist das so wichtig, um klare Grenzen zu setzen. Davon war ich aber unfassbar weit entfernt. Zwar habe ich zwischendurch versucht, mich zu stabilisieren und mutig Grenzen aufzuzeigen. Schnell wurde dieses durch intensives Auf-mich-Einreden und Unverständnis meines Gegenübers erdrückt. Also konkret, alles, was ich beruflich habe und bin, habe ich mir selber auf ganz normalem und professionellem Wege erarbeitet. Darauf bin ich stolz und das lasse ich mir bestimmt nicht noch einmal nehmen!

Welchen Vorgesetzten musst du denn gebumst haben, dass du auf einmal ins Homeoffice darfst? Ok, wow, das saß! Sorry, ich habe niemanden an mich rangelassen, da erstens meine Chefin weiblich war und ich zweitens so was nicht nötig habe. JA, wir hatten Corona-Zeit und gefühlt die halbe Welt war im Homeoffice. Sorry, for that! Ich habe eine fast lückenlose Vita und weiß, dass ich mich nicht mit intimen Sachen hocharbeiten muss. Es war schlimm, mir so was anhören zu müssen, weil er exakt wusste, wie hart ich für meinen Job geackert habe. Er wusste, wie schwer es für mich war, nach Kind und Studium wieder ins Berufsleben zu starten und in der neuen Branche Fuß zu fassen. Er hat gesehen, wie viele Absagen ich erhalten habe, und stand mir jederzeit bei und tröstete mich, wenn ich wieder mal am Boden zerstört war. Und nichtsdestotrotz musste ich mir so was anhören. Das tut weh, weil ich dachte, dass er stolz auf mich sei, dass ich trotz Kinder noch Karriere mache. Dem war wohl nicht so. Auch als ich nach der Trennung meine Arbeitszeiten angepasst habe, wurde ich freundlich darauf hingewiesen, dass ich wohl wieder mal in der Chefetage geheult habe, damit es so umgesetzt werden konnte. Aber dass er seine Arbeitszeit kommentarlos abgeändert hat, ist nicht der Rede wert, oder? Alles, was meinen Job anging, war ihm ein Dorn im Auge. Natürlich die männlichen Kollegen am meisten. Schließlich habe ich mit denen auch Affären gehabt. Mit allen! Ich hatte sogar teilweise Angst, ihm über Meetings oder Veranstaltungen zu berichten, bei denen ein Kollege neben mir saß. Es war reiner Selbstschutz und keine Lüge oder eine Verheimlichung. Ich hatte nur keine Lust auf ellenlange Diskussionen über Bullshit, der gar nicht stattfand – doch, in seinem Kopf! Man muss mit niemanden schlafen, um eine bessere Position zu bekommen; meistens reicht eine gute Vita sowie etwas im Köpfchen zu haben vollkommen aus ;-).

Inspiration für dich bzw. was mir/uns geholfen hat

Danke an mich selber, dass ich das nicht nötig hatte, irgendetwas Unprofessionelles dafür zu tun, um genau da zu stehen, wo ich beruflich erfolgreich heute bin. Und das können wir beide von uns behaupten, dass uns nichts zugeflogen ist, sondern dass Lernen und hart Arbeiten zum Ziel geführt hat. Danke also an mich selber. Es ist so wichtig, dankbar zu sein und eigentlich so einfach. Wofür bist du dankbar?! Nimm dein Handy und fang an, es dir in den Notizen aufzuschreiben. Mach eine Liste und erweitere diese Punkt um Punkt... am besten abends vor dem Schlafen oder morgens vor dem Aufstehen. Schaffst du es, 200 Dinge aufzuschreiben, für die du dankbar bist? Das kann dauern, es macht aber unfassbar glücklich, diese Punkte zu sammeln, egal was es ist, die Hauptsache dabei; es macht dich glücklich. Vor allem kannst du dies lesen, wenn es dir mal nicht gut geht und du wirst merken, es hilft total, und macht einfach gute Laune. Das Schöne ist, wenn du Inspiration brauchst... frag die Menschen um dich herum, wofür diese dankbar sind. Es ist großartig, was du über dein Umfeld lernst und wie glücklich du mit dieser Frage auch andere Menschen machst. Dankbarkeit ist ansteckend.

> *„Du hast zwei Möglichkeiten:*
> *Entweder lässt du es dir weiterhin gefallen oder*
> *du stehst auf und verlässt endlich den Ort,*
> *an dem du so behandelt wirst, als seist du NICHTS.*
> *Du hast die Wahl – in Frieden leben oder in Kummer verharren."*
> **(Quelle: Shahi Rocoski/TikTok)**

Profiblick aus der systemischen Beratung

Was steckt eigentlich hinter einer scheinbaren Disqualifikation der Qualifikation eines anderen Menschen? Leider sehr häufig purer einfacher NEID. Diesen verspüren wir häufig dann, wenn wir uns mit anderen vergleichen und aus der eigenen Perspektive meinen, dass diese uns in irgendeiner Art und Weise überlegen sind. Das, was des einen Ansporn ist an sich zu arbeiten und zu wachsen ist, ist des anderen Unvermögen, sein Gegenüber kleinzureden und dessen Erfolge zu reduzieren. Neid kann also sehr wohl gut sein, wenn er aktivierend wirkt. Sogenannter schwarzer Neid macht missgünstig auch im Umgang mit anderen Menschen. Aus evolutionsbiologischer Sicht ist Neid nützlich, ging es doch darum, mehr zu haben als andere, um zu überleben in der Menschheitsgeschichte. In unserer Überflussgesellschaft heute macht es keinen Sinn mehr, in diesen Wettstreit zu gehen. Was schützt also vor Neid – ein gesundes Selbstbewusstsein. Schau auf deine eigenen Erfolge, sei dankbar für das, was du hast. So schaust du deutlich weniger auf andere und es gibt dir wesentlich mehr innere Zufriedenheit.

14 „Dein Verhalten war immer Auslöser dafür, wie ich mit dir umgehe bzw. dass ich so reagiere"

Perspektive aus drei Jahren Beziehung

Kurze Konzentration. Wie war es wirklich? Meistens kam ein Thema seinerseits um die Ecke „Mit wem hast du da telefoniert und rumgeflirtet?" („Bitte was???"), „Warum warst du so lange einkaufen, wo warst du wirklich?" Ich habe den Fehler gemacht, mich dann ganz schnell zu rechtfertigen aus seiner Sicht. Meiner Meinung nach habe ich mich eher erklärt „Das war mein Kollege, der mich einfach gefragt hat, wie es mir geht, weil ich extrem kurz angebunden war, oder ich habe beim Einkaufen meine alte Grundschullehrerin getroffen und mich unterhalten." NEIN, das waren Rechtfertigungen und das macht man ja nur, wenn man etwas zu verbergen hat. NEIN, ich habe erklärt, was ich gemacht habe, oder wer mein Gegenüber ist, damit es nachvollziehbar und verständlich ist. Nun, wie auch immer. Die Konsequenz war, dass ich des Lügens bezichtigt wurde. Im Nachgang betrachtet konnte ich eigentlich machen, was ich wollte, es war immer falsch und das macht mich jetzt mittlerweile wütend, allerdings vor allem auf mich selber. Wie konnte ich nur so dumm sein. Habe mich provozieren lassen, dann erklärt oder von mir aus mich gerechtfertigt und mich dann beschimpfen, demütigen und herabwürdigen lassen. Wow! Wie waren die Worte meines Gegenübers: Du bist schuld, wie ich mit dir umgehe. Würdest du anders reagieren, müsste ich nicht so sein. Aha. Übrigens, wenn es gerade kein Thema gab, zauberte er eines hervor mit den Worten: „Mir geht Folgendes nicht aus dem Kopf" … „Letzte Nacht habe ich geträumt, dass du" … „Darüber müssen wir nochmal sprechen..." Was soll ich sagen, ich war leider dumm genug, dies drei Jahre mitzumachen. Und dabei rede ich nicht nur von verbalen Demütigungen. Keine Ahnung, wie oft ich Wasser über den Kopf gekippt bekommen habe, geschubst wurde oder sogar mir mein Gegenüber einmal einfach ins Gesicht spukte. Unfassbar im Nachgang. Ach, ich vergaß ... meine Schuld. Warum auch für sein eigenes Verhalten die Verantwortung übernehmen? Ich habe viel gelernt in dieser Zeit und bin bis heute über wirklich vieles einfach nur extrem erstaunt.

Perspektive aus 18 Jahren Beziehung

„Dein Verhalten löst meine Eifersucht aus" ... „Wenn du dich nicht so verhalten hättest, hätte ich nicht so reagiert" ... Ah ja, ok, krass! Schön, dass ich dein Verhalten bzw. deine Eifersucht auslöse. Sehr spannend. Es ist doch kein Problem, warum machst du es nun zu meinem? Aber ja, ich habe ihm jahrelang geglaubt und habe bis zum Schluss der Ehe alles getan, damit er bloß nicht eifersüchtig wird. Und ich meine wirklich alles. Davon abgesehen, dass ich keine männlichen Freunde hatte, weil ich es nicht durfte, hatte ich zum Schluss noch nicht mal „richtigen Kontakt" zu meinen Kollegen. Es wurde nur das Nötigste kommuniziert. Nicht mehr. Ich habe mich sogar selbst kontrolliert – wie ich gehe, wie ich stehe, wie ich rede, wie ich gucke, neben wem ich stehe und wie ich mein Gegenüber anschaue. Ich habe mich ununterbrochen kontrolliert. Ich konnte nur sehr selten „frei davon sein". Und ja, es war sehr anstrengend, durchgehend unter Spannung zu sein. Kaum lächelte mich ein männlicher Mensch an, musste ich mir sofort anhören, warum er das macht und ob ich ihn kennen würde, oder ob ich mit ihm was hätte oder woher er mich denn kennen würde. Ich verstehe es einfach nicht, wie man in jedes Lächeln, eine nette Anrede o. Ä. einer männlichen Person, sofort etwas reininterpretieren kann. Das Blöde daran war, dass ich mir zu Hause immer den Zirkus anhören durfte und er mich zur Rechenschaft gezogen hat, warum der männliche Mensch mich angelächelt hat. Ich musste ihm erklären, warum eine dritte

Person so agiert, wie sie agiert hat. Schlussendlich musste ich mir dann wieder anhören, dass ich ja diejenige bin, die seine Eifersucht auslöst, weil ich minimal zurückgelächelt habe. Dabei wollte ich nur freundlich und höflich sein. Aber nein, es war wohl nicht erwünscht, da es ja ein Mann war. Mich triggert bis heute die Frage: Kanntest du den oder wieso so ein fettes Grinsen bis über die Ohren?

Inspiration für dich bzw. was mir/uns geholfen hat

Was denn noch alles. Es ist irgendwie schon sehr merkwürdig, wenn in einer Beziehung immer nur eine/r schuld ist, oder? Mach dir eines klar, das Verhalten anderer ist NICHT deine Schuld. Die Art und Weise, wie dich dein Gegenüber behandelt, sagt einfach viel mehr über denjenigen aus. Denn jeder kann selber entscheiden, wie er handelt und was er/sie anderen tut völlig unabhängig von dem Verhalten anderer. Reflektiere das für dich ganz in Ruhe und nutze dafür vielleicht einfach die Inspiration, die Elisabeth Gessner auf ihrem Instagram-Account zum Thema Narzissmus gibt, folgend ein kleiner Auszug daraus...

Ein paar Anzeichen, dass du in einer UNGESUNDEN Beziehung steckst:

- Regelmäßige Konflikte, die nie gelöst werden
- Emotionaler, mentaler, psychischer, physischer oder finanzieller Missbrauch
- Feindseligkeit und Verachtung
- Fantasie, dass sich in Zukunft alles zum Besseren wendet
- Nicht verarbeitete Trigger und geringes Selbstwertgefühl auf beiden Seiten
- ...

Ein paar Anzeichen, dass du in einer GESUNDEN Beziehung steckst:

- Konflikte werden besprochen und zusammen gelöst
- Emotionale, mentale, physische und psychische Unterstützung
- Respektvolles und empathisches Miteinander
- Akzeptanz des jeweils anderen
- Gesunde Verhaltensweisen und Integrität
- Die Beziehung bereichert das eigene Leben
- Trigger werden wahrgenommen und bewältigt
- ...

Uns halt es geholfen, sich diese Aspekte vor Augen zu halten und das ein oder andere Mal in Ruhe für sich selber zu durchdenken.

> *„Es ist okay, wenn aus Menschen,*
> *die dir mal viel bedeutet haben, Menschen werden,*
> *die keine Rolle mehr in deinem Leben spielen.*
> *Und ja, das tut manchmal ziemlich weh.*
> *Aber es ist manchmal auch einfach die beste Entscheidung."*
> **(Quelle: lieblingsmensch/Instagram)**

Profiblick aus der systemischen Beratung

Alles, aber auch wirklich alles, was ich im Außen wahrnehme und sehe und dann darauf reagiere, hat etwas mit mir selber zu tun. Nicht andere Menschen oder Erlebnisse bereiten dir Probleme, sondern deine eigene Reaktion darauf. Diese Reaktionen offenbaren sich nur in Beziehungen. Ganz viele Reaktionsmuster haben damit zu tun, dass Menschen Erwartungen haben, gehört und anerkannt werden wollen, Hoffnungen genauso wie Ängste in sich tragen. Auf dieser Basis agieren wir miteinander in unterschiedlichsten Beziehungsgeflechten. Und das geht nun mal nicht immer nur gut. Wenn da also mal wieder Ärger, Wut oder Angst in uns hochkommt und wir uns aufgrund dessen unangemessen verhalten, ist der Zeitpunkt gekommen, sich die Zeit zu nehmen, in sich hineinzuhören. Was will mir dieses Gefühl in mir gerade sagen? Woher kommen die Gefühle? Was konkret hat diese ausgelöst und möchte ich mich in der Folge so verhalten, wie ich es tue? Fest steht, für jedes Gefühl, dass du fühlst, bist du selber verantwortlich und genauso auch für das, was du tust. Dein Gegenüber kann in dir nur etwas auslösen bzw. triggern, was bereits da war.

15 „Du wirst nie wieder ein Mann finden wie mich" oder „Kein Mann wird dich je wieder so auf Händen tragen wie ich"

Perspektive aus drei Jahren Beziehung

Ja, und ich würde gerne das Ende vorwegnehmen – das wäre großartig, wenn ich einem Menschen wie meinem Gegenüber in den letzten drei Jahren künftig wirklich nie wieder begegne. Regelmäßig ein- bis zweimal die Woche durfte ich mir anhören, dass sowohl in meinem Alter als auch als Frau mit Kind mich kein anderer Mann mehr haben wollen würde. Ich sollte doch bitte zu schätzen wissen, einen Mann an meiner Seite zu haben, der herausragend kochen kann, ein fantastischer Handwerker ist, extrem gut ausgestattet und einzigartig im Bett wäre etc. Tja, dagegen war tatsächlich nichts einzuwenden. Problematisch waren für mich auch nicht diese Qualitäten, sondern die brutale, cholerische und jähzornige Art. Leider nicht nur einmal im Jahr, sondern als ständige nahezu alltägliche Herausforderung. Wie bei einer tickenden Zeitbombe wusste ich eigentlich nie, was mich als Nächstes erwartet. Die kleinsten Dinge konnten mehrstündige einseitige „Diskussionen" zu Hause auslösen oder im schlimmsten Fall irgendwo im Außen, ggf. noch unter Einbezug anderer Menschen. Ich hatte bis dahin noch nie erlebt, wie aggressiv ein Mensch einfach auf andere losprügelt und dieses dann mit Männlichkeit begründet. Unglaublich dumm. Ich stand oftmals daneben und konnte es nicht glauben. Im Nachhinein kann ich auch nicht glauben, dass ich nicht schneller weg war, sondern immer wieder verständnisvoll reagiert habe. Denn sobald ich hier meine Meinung sagte, war ich natürlich falsch, stand nicht hinter ihm und war naiv. Unglaublich, leider auch in meine eigene Richtung.

Perspektive aus 18 Jahren Beziehung

Ich habe ja immer gedacht, dass ich mir so was niemals anhören werde. Aber da habe ich mich wohl getäuscht – wieder mal. Nun musste ich es mir mehrmals in der Trennung anhören. Leider hat er das so oft gesagt, dass ich es irgendwann sogar verinnerlicht habe. Ich habe mir dann selbst eingeredet, dass es keinen besseren Mann als ihn neben mich geben würde und dass ich nie wieder jemanden an meiner Seite haben werde, der mich auch so gut behandeln wird. Ich spielte tausend Szenarien in meinem Kopf ab. Alle Erinnerungen, die ich in mir hatte, holte ich komplett raus. Damit versuchte ich, das Negative auszulöschen und mit dem Positiven mir selbst zu zeigen, dass er doch der beste Mann auf der Welt ist. Natürlich hatten wir unzählige wunderschöne Momente miteinander, aber irgendwann mal konnte ich die Eifersuchtsszenen und die Kontrollsucht nicht mehr kompensieren. Ich verlor mich komplett in ihm. Und somit hatten seine Aussagen, dass er der Beste wäre und ich nie wieder jemanden an meiner Seite haben werde, der mich genauso gut behandeln würde. Schließlich sagte er zu mir, er hätte sein Leben geopfert, damit es mir gut geht. Damit ich in „Ruhe" studieren kann und meinen Sport ausüben kann. Na ja gut, das Studium war berufsbegleitend und Sport konnte ich nur dann machen, wenn es für ihn nicht zu viel wurde. Schließlich kam die Aussage, dass er mir sechs bis neun Monate Zeit gibt, um zu erkennen, dass ich einen Fehler mit der Trennung begangen habe und dass ich es zutiefst bereuen werde, dass ich ihn verlassen habe. Denn schließlich hat er mich immer auf Händen getragen und alles für mich gemacht. Ja, hat er auch, aber er hat mich mit seiner Liebe komplett erstickt und mit seiner Eifersucht getötet. Nicht zu vergessen ist die Kontrolle, die dann immer mehr wurde. Aber ja, so einen Mann werde ich nicht mehr finden – vielleicht ist es auch besser so und ich will so einen nicht mehr!

Inspiration für dich bzw. was mir/uns geholfen hat

„Es gibt Momente im Leben, da wird einem bewusst, dass es so nicht weitergehen kann. Momente, in denen wir beschließen, dass wir uns nicht länger schlecht fühlen möchten und den Teufelskreis aus Leid und Kummer endlich stoppen wollen. Wenn auch du die Sehnsucht nach einem glücklicheren Leben kennst, begib dich mit mir auf den Weg und lass uns gemeinsam eine Reise antreten, die in Richtung einer besseren Zukunft führt", schreibt Katharina Tempel in ihrem Buch „Schenk dir das Leben, von dem du träumst". Absolut empfehlenswert und hilfreich.

> *„Manchmal muss man Menschen aufgeben.*
> *Nicht, weil man sie nicht mehr liebt,*
> *sondern, weil man an ihnen kaputt geht."*
> **(Quelle: erfolgsprofis/Instagram)**

Profiblick aus der systemischen Beratung

Es ist eine bewusste Entscheidung, etwas loszulassen. Es bedeutet, Veränderungen zuzulassen und das wiederum erst einmal, sich evolutionsbiologisch in Gefahr zu begeben und deswegen fällt es uns tendenziell schwer, von Verhaltensweisen, Beziehungen oder Erinnerungen loszulassen. Du kannst aber das Loslassen lernen und vor allem solltest du eines noch wissen: Loslassen bedeutet Freiheit. Du gibst also alte Erinnerungen, eine unglückliche Liebe oder schlechte Angewohnheiten nicht auf, sondern du wirfst Ballast ab, um dich frei entfalten zu können und glücklich zu sein. Du lässt Veränderungen zu, öffnest dich für Neues und gewinnst Energie, um dich selber zu verwirklichen. Es ist im Endeffekt also deine Entscheidung, ob du den Blick nach vorne richten möchtest oder in einer Situation bleiben willst, die dir vielleicht seelisch und/oder körperlich schadet. Wie aber nun Loslassen lernen und damit Belastendes hinter sich lassen? Dafür werfen wir einmal einen Blick darauf, warum es uns noch so schwerfällt. Nun, weil es eine gewisse Endgültigkeit mit sich bringt, Ungewissheit über das, was kommt, eine Lücke oder Verlust schafft und nicht loszulassen viel bequemer wäre. Loslassen kostet weniger Kraft als das Festhalten und ist dennoch schwerer. Wie es also schaffen? Indem du dir die Konsequenzen des Nicht-Loslassens vor Augen hältst, dir über deine Ängste diesbezüglich im Klaren wirst, das Gute an der neuen Situation hervorhebst und akzeptierst, was war und was jetzt ist. Übrigens es ist eine Stärke und KEINE Schwäche, sich dabei Unterstützung, in welcher Form auch immer, zu holen.

16 „Deine Freundinnen sind alle Huren und Schlampen"

Perspektive aus drei Jahren Beziehung

Was bist du eigentlich für ein Mensch, der andere ständig in Schubladen steckt. Du kennst meine Freundinnen gar nicht, bist keine zehn Sekunden in ihren Schuhen durch ihr Leben gelaufen. Ach, alle meine Freundinnen sind gescheiterte Existenzen und haben ihr Leben nicht geschissen bekommen. Ups, deine Ex-Frau hatte keine einzige Freundin und war immer nur auf dich fixiert, was dich total gestresst hat. Ich werde so unfassbar wütend, wenn ich nur daran denke, wie du es dir herausnimmst, ständig andere Menschen zu beurteilen. Gut kann ich mich daran erinnern, dass ich eine Frau beim Essen traf, die du von früher kanntest. Später, zu Hause, hast du mir mitgeteilt, was für eine Schlampe sie sei. Ich treffe sie in Kürze auf einen Kaffee und bin schon gespannt, was sie dazu sagen wird. Denn ich bilde mir meine eigene Meinung und lasse mich nie wieder isolieren. Das hat mein Gegenüber nämlich getan, alles und jeden um mich herum schlecht gemacht. Keine Ahnung, ob mein Gegenüber irgendwann mal gemerkt hat, was er eigentlich wirklich tut. Dumme Menschen sind auf jeden Fall gefährlich, das habe ich mir gemerkt und werde es wahrscheinlich nie in meinem Leben vergessen. Großes DANKE an mein Gegenüber, er hat über alles und jeden schlecht geredet wie ein armseliges Klatschweib. Heute tut er mir einfach nur noch leid.

Diese Aussagen schrie er mir vor den Kindern mehrmals ins Gesicht. Er beschuldigte alle meine Freundinnen, dass sie mir einreden würden, ich soll mich doch trennen, weil alleinerziehend doch viel geiler ist. Um ehrlich zu sein, wusste keiner von meinen Problemen, weil ich mit niemandem darüber sprechen sollte/durfte. Also machte ich alles mit mir aus. Somit wussten meine Freundinnen zum Teil gar nicht, was bei uns los war. Erst nach der Trennung öffnete ich mich und erzählte Stück für Stück meine Geschichte. Keine meiner Freundin ist weder eine Schlampe noch eine Hure. Eigentlich ist mir die offizielle Definition dieser Begriffe noch nicht mal wirklich klar. Als er dann eine meiner „Hurenfreundinnen" auf der Straße getroffen hat, konnte er nur ein verklemmtes „Hallo" rausbringen. Also ich meine, wenn man von einem Menschen einen so schlechten Eindruck hat, dann lässt man doch am besten auch das Grüßen. Denn wenn mich jemand als Schlampe oder Hure betitelt, dann möchte ich bitte von diesem Menschen auch nicht gegrüßt werden. Leider kennen meine Kinder auch die Kinder meiner Freundinnen und da die beiden die Aussage des Vaters mehrmals gehört haben, wusste ich gar nicht, wie ich damit umgehen soll. Schließlich verstehen meine Kinder, was diese Begriffe in sich haben.

Aber meine tollen Schlampen und Huren waren tatsächlich diejenigen, die auch in meiner Trennung für mich da waren. Die haben mir zugehört und habe sich immer bei mir gemeldet, um zu erfragen, wie es mir geht. Danke, meine Schlampen und Huren! Ohne euch wäre ich nicht da, wo ich jetzt bin! Solltet Ihr so was hören, dann lauft schnell weg! Denn keiner auf diesem Planeten hat das Recht, über andere so zu urteilen! Keiner!

Inspiration für dich bzw. was mir/uns geholfen hat

Die Wahrheit zu akzeptieren hilft. Jemand, der dich wirklich von ganzem Herzen liebt, tut dir nicht wissentlich immer wieder weh und bringt sich vor allem nicht selber in die Situation, dass er/sie dich verlieren könnte. Nur noch einmal in aller Deutlichkeit, es geht hier nicht um einen einmal daher gesagten Satz in der Wut, das ist sicherlich bereits deutlich geworden. Solltest du dich regelmäßig fragen, ob die Beziehung, in der du dich befindest, richtig ist, dann sei nicht naiv, denn dann ist diese NICHT das Richtige für dich. Und, ja... du kannst jemanden gerne haben/lieben und dennoch ganz genau wissen, dass dieser Mensch für dich nicht die Richtige/der Richtige ist. Auch wenn es schwer ist, manchmal müssen wir scheinbar im Leben die falsche Person treffen, die unseren inneren Frieden zerstört, um dann wissentlich und klar auf den/die Richtige/n zu treffen. Gerade wenn irgendwann auch dein Umfeld wie Freunde und Familie verbal angegriffen bzw. schlecht gemacht werden, ist ein Punkt erreicht, wo du selber wahrscheinlich schon fast niemanden mehr um dich herum hast, der dir zur Seite stehen kann. Bist du so gerade jetzt glücklich? Glaubst du, dass du so für den Rest deines Lebens glücklich bist? Sei ehrlich mir dir selbst und akzeptiere, an welchem Punkt in deinem Leben du gerade stehst, und lerne auch etwas daraus, nur für dich!

> *„Entweder du sprichst es aus und riskierst,*
> *alles zu zerstören oder du frisst es in dich rein*
> *und zerstörst dich selbst.*
> *Du hast die Wahl!"*
> **(Quelle: motivations.house/Instagram)**

Profiblick aus der systemischen Beratung

Die Intention und Herkunft von abwertendem Verhalten haben wir im neunten Kapitel bereits beleuchtet und herausgestellt, dass es tendenziell mit dem eigenen Persönlichkeitsbild dessen, der abwertet, zu tun hat. Beschäftigen wir uns also lieber mit Zufriedenheit und setzen dem etwas entgegen: nämlich Freundschaften. Diese sind wichtig. Wer es schafft, gute freundschaftliche Beziehungen aufzubauen, steigert auf jeden Fall seine eigene Zufriedenheit. Es ist wissenschaftlich bewiesen, dass Freundschaften sich sowohl positiv auf den Körper als auch auf die Seele auswirken. Gerade in schlechten Zeiten zeigt sich übrigens häufig erst, wer wirklich an deiner Seite bleibt und steht. Speziell Frauenfreundschaften sind häufig unheimlich eng sowie nah und dadurch für das andere Geschlecht nicht immer nachvollziehbar. Frauen tauschen sich in ihren Gesprächen gerne über ihre Beziehungen oder private Probleme aus, reden also gerne, während Männer sachliche Themen bevorzugen oder einfach etwas zusammen unternehmen. Intime Gespräche sind bei Männern also eher unüblich, bei Frauen eher typisch. Männer reden gerne über ihre Erfolge, Frau häufiger über ihre persönlichen Schwächen. Da kann mal also vor den Frauen und ihren Freundinnen schon einmal Angst bekommen. Jetzt ist die beste Zeit für tolle Menschen um dich herum. Bedenke dabei: Es heißt, du bist die Schnittmenge der fünf Menschen, die dich die meiste Zeit umgeben.

17 „Ich nehme dir die Kinder weg oder ich scheiße dich beim Jugendamt an"

Perspektive aus drei Jahren Beziehung

In diesen Momenten habe ich mich oft gefragt, wo bin ich eigentlich gelandet, dass mir mein Gegenüber mit dem Jugendamt droht. Das war nur eine von mehreren Optionen, die gezogen wurden, wenn ich nicht so funktionierte wie gewünscht, Widerworte gab oder in Diskussionen auch versuchte mich zur Wehr zu setzen. Mal war es das Jugendamt, ein anderes Mal, sich mit dem Vater meines Sohnes gegen mich zu verbünden. Wenn es ganz eklig und dreckig wurde, dann zog mein Gegenüber es in Betracht, seine Kontakte zu nutzen und andere auf mich zu hetzen. An dieser Stelle möchte ich dies nicht weiter ausführen, weil die Fäkalsprache dazu in kein Buch auf der Welt passt. Lange dachte ich, dieses Verhalten liegt ausschließlich an mir. Kein Wunder, hatte mein Gegenüber es mir doch auch immer wieder so eingeredet. Als ich anders anfing zuzuhören, stellte ich fest, dass er ständig auch anderen Menschen in seinem Umfeld gegenüber so dachte und entsprechende Drohungen ausstieß. Allen voran auch seinem Vater, seiner Schwester oder seinem Bruder gegenüber. Dieses Verhalten habe ich regelmäßig als unfassbar aggressiv empfunden und es hat mir überhaupt nicht gutgetan. Wie oft habe ich es gesagt oder gedacht: „Das ist nicht normal!" und wurde auch dafür, wenn ich es aussprach, rüde angefahren und für dumm oder naiv erklärt. Im Grunde ist dies eine Form der psychologischen Gewalt und zeigt im Endeffekt, dass es überhaupt keine Gleichberechtigung in der Beziehung gab. In solchen Momenten habe ich versucht zu gehen, einfach weg. Leider hat es irgendwann nicht mehr funktioniert, weil mein Gegenüber es verhindert hat, durch Türen zuhalten oder eben mich einfach festhalten. Dann bin ich irgendwann dazu übergegangen, die Drohungen ins Lächerliche zu ziehen oder selber welche auszusprechen. Schnell konnte ich aber feststellen, dass ich das zum Glück nicht so gut kann und auch nicht möchte. Das Ganze führte relativ schnell auch zu körperlicher Gewalt. Wobei ich an dieser Stelle anmerken möchte, laut meinem Gegenüber wegen mir und meines Fehlverhaltens, außerdem wäre ich zuerst handgreiflich geworden. Was soll ich sagen, alles eine Frage der Perspektive. Manches Mal habe ich mir gewünscht, ich wäre so stark wie er und hätte mich mal richtig wehren können, wenn er sich einen Millimeter vor meinem Gesicht aufgebaut, mich geschubst, ins Gesicht gepatscht oder … Auch das wäre hier zu viel, wenn ich alles aufzählen würde. Froh bin ich, dass blaue Flecken verschwinden, eine geplatzte und dicke Lippe irgendwann heilen und er seine Drohung, mir meinen Kiefer zu brechen genauso wie mein Gesicht zu entstellen nie wahr gemacht hat.

Perspektive aus 18 Jahren Beziehung

Oh ja, damit drohte er mir bereits schon bei der letzten Trennung. Ich sagte, ich sei ja schließlich psychisch krank und ihm würden die Kinder leidtun, dass sie so eine Mutter haben. Dazu bin ich auch eine schlechte Mutter und würde meine Kinder vernachlässigen. Ich wäre auch nie zu Hause und würde die Prioritäten nach meinem Ego verteilen. Ich weiß nicht, wer sich diese Dreistigkeit rausnehmen darf, einer Mutter so was im Streit an den Kopf zu werfen? Und ja, dazu sagte er mir auch, dass er mir mein Leben zur Hölle machen würde. Und ich muss gestehen, ja, er hat es tatsächlich geschafft, dass ich durch die Hölle gehen musste. Diese Menschen sind einfach unberechenbar. So unbeschreiblich – negativ! Aber natürlich hat er mir im Anschluss gesagt, dass er so nicht gemeint hätte. Er würde mir nie die Kinder wegnehmen wollen. Ich solle ihn doch bitte verstehen, dass man so was auch „mal" in der Wut sagen würde. Schließlich meinte er es nicht so und ich solle mich nicht so anstellen und ich wäre zudem viel zu sensibel. Ich müsste ihm doch jetzt endlich dafür verzeihen, weil es ja „nur in der Wut" ausgesprochen war. Ich solle mich nicht so anstellen und es einfach vergessen... Ah ja, ok, aber dass es mich bis zum Knochenmark verletzt hat, ist ja nicht so relevant, oder!?

Inspiration für dich bzw. was mir/uns geholfen hat

Kann man wirklich lernen mit Drohungen umzugehen? Nun, zumindest gewöhnt man sich nach diversen Schreckmomenten daran, was möglich ist, und dann kommt der Punkt, an dem du es nicht mehr richtig ernst nimmst. Das dauert allerdings eine ganze Weile und nur, weil wir es so erlebt haben, muss es bei dir noch lange nicht so sein. Nachträglich betrachtet war es darüber hinaus auch nicht sehr schlau, Zeit an der Seite einen Menschen zu verbringen, der einem auf abartige Weise droht und damit Angst macht, kleinhält und manipuliert. Was kannst du aber nun tun? Mache eine Bestandsaufnahme deiner persönlichen Beziehungssituation – sei dabei wirklich realistisch! Klar wird dir das schwerfallen. Klar wird das wehtun. Darum schieben wir es ja, so der Autor von „Ich geh dann mal meinen Weg", Michael Leistner, bewusst beiseite, um uns so vor weiterem Schaden zu schützen. Auch führt er weiter aus, dass uns das nur kurzfristig Linderung verschafft, langfristig aber zu mehr Blockaden und Problemen führt, wenn wir uns unserer aktuellen Situation nicht stellen. Wie du deine Vergangenheit loslassen kannst, inneren Frieden findest und glücklich in ein neues Leben startest, beschreibt er in zwölf Schritten, und ganz ehrlich, diese sind GROSSARTIG. Fang an und nutze dein Potenzial.

„Vergiss, wie es mal war.
Akzeptiere, wie es ist.
Vertraue darauf, wie es sein wird."
(Quelle: zitatursprung/Instagram)

Profiblick aus der systemischen Beratung

Rein rechtlich betrachtet fängt eine Drohung da an, wo eine Person einer anderen negative Konsequenzen in Aussicht stellt, bei in Aussicht gestellten Nachteilen wie Körperverletzung spricht man sogar von einer schweren Drohung, welche mit einer Geldstrafe oder einer Freiheitsstrafe von bis zu einem Jahr geahndet werden kann. Warum droht ein Mensch? Drohungen sind oftmals ein Ausdruck von Hilflosigkeit. Drohungen sind verbale Misshandlung und somit eine psychische Form der Gewalt. Menschen mit Persönlichkeitsstörungen sind oftmals Meister im Androhen von zerstörerischen Handlungen und Konsequenzen, um so im Gegenüber Angst, Verpflichtungs- und Schuldgefühle hervorzurufen und jemanden unter Kontrolle zu bringen.

Wie am besten reagieren bei verbalen Bedrohungen?

- Ruhe bewahren. Diskutiere nicht
- Bei verbalen Drohungen das Gespräch sofort beenden
- Keine hastigen Bewegungen machen
- Selber nicht drohen oder beleidigen
- Die zugewiesene Opferrolle nicht annehmen. Nicht unterwürfig verhalten
- Blickkontakt halten und Körperhaltung stabilisieren
- Die Räumlichkeiten sofern möglich verlassen

Da du im Grunde nie wissen kannst, wie ernst gemeint die Drohung ist, auch wenn diese öfter oder regelmäßig ausgesprochen wird, ist der einzig richtige Weg, diese immer ernst zu nehmen, unabhängig davon, ob es leere oder ernst gemeinte Drohungen sind. Hol dir auf jeden Fall professionelle Hilfe.

18 „Deine scheiß Bücher, vielleicht setzt du daraus auch mal was um, dann würdest du auch mal etwas geschissen bekommen"

Perspektive aus drei Jahren Beziehung

Für mein Leben gerne lese ich Bücher, regelmäßig. Ehrlicherweise am liebsten jeden Tag ein bisschen, weil es ungemein entspannend ist. Welche Vorteile das für einen persönlich mit sich bringt, ist wahrscheinlich ein eigenes Buch wert. Umso mehr traf es mich tatsächlich persönlich, wenn ich von meinem Gegenüber zu hören bekam, dass ich nur Mist lese und daraus vielleicht mal etwas geschissen bekommen sollte. Gerne lese ich unterschiedlichste Romane und auch Bücher zur persönlichen Weiterentwicklung und zum Glück habe ich dies in den letzten drei Jahren sogar intensiviert, denn das hat mir sehr geholfen zu erkennen, in welcher Situation einer Beziehung ich mich befand. Hätte mir all dieses Wissen schneller bzw. ad hoc zur Verfügung gestanden, wäre es mir vielleicht möglich gewesen mich früher mit gutem Gefühl zu verabschieden. Mit jedem Buch, da bin ich mir ganz sicher, lernt man etwas Neues über das Leben und/oder aus der Welt. Ich habe viel über ungesunde und gesunde Beziehungen gelernt in dieser Zeit, darüber, was mir selber guttut und was nicht. Wo ich gerade stehe und worum ich mich für mich selber in meinem Leben kümmern muss. Und ich habe auch gelernt, dass mein Gegenüber damit nichts anfangen konnte, nicht damit umgehen konnte, sich vielleicht auch bedroht dadurch fühlte. Auf jeden Fall werde ich das Buch, das er mir zerrissen hat, wieder zusammenkleben... warum, weil ich es kann.

Perspektive aus 18 Jahren Beziehung

Oh, du hast dir ja wieder Bücher gekauft!? Ja, das freut mich wirklich sehr, aber brauchst du die wirklich? Hm, ja, ok, ich dachte, er wüsste, dass ich gerne lese. Aber ja, ok, dann eben nicht. Auch noch so eine Aussage, die mich immer traurig und wütend zugleich gemacht hat: Statt zu lesen, hätten wir gemeinsam Zeit verbringen können und einen Film schauen oder so. Ne, ich will aber das Buch lesen. Ja klar, wie immer, und wieder die Laune verdorben. OK, ich habe dir die Laune verdorben – wieder mal – weil ich lieber lese, statt einen Film zu gucken? Sehr interessant. Nachdem ich ihm vorgeschlagen habe, auch mal ein Buch zu lesen, hat er mir gesagt, er möge es nicht zu lesen. Es war ok für mich, weil jeder andere Interessen hat. Aber, dass ich keinen Film gucken wollte, juckte ihn recht wenig.

Nach der Trennung habe ich dann von meiner Tochter erfahren, dass Papa nun jeden Abend liest und sich dieselben Bücher geholt hat wie ich. Spannend und wirklich sehr interessant. Es ist nun eine weitere Sache, die er nun macht, die er bei mir schlecht fand oder es mir verboten hat. Aber gut, auch da, jedem das Seine. Vielleicht bringt ihm nun endlich das Lesen etwas Weisheit.

Inspiration für dich bzw. was mir/uns geholfen hat

Einfach noch mehr zu lesen. Das eigene Wissen zu erweitern, zu hinterfragen und zu lernen. Lesen hat eine magische Kraft, welche sich scheinbar nicht jedem erschließt. Tust du es regelmäßig, stimuliert es nicht nur deine Gehirnzellen, sondern trainiert auch deine kognitiven Fähigkeiten und verbessert deine Konzentrationsfähigkeit. Zudem kann es deinen Stresspegel senken, was erklärt das wir beide jeweils wie gesagt unabhängig voneinander so unfassbar viel gelesen haben. Zahlreiche Studien haben gezeigt, dass Lesen sich positiv auf die Gesundheit auswirkt. Ob und was man daraus lernen möchte, darf dann aber doch jeder Mensch, der liest, gerne für sich selber entscheiden.

„Zweifle nie an deinem Bauchgefühl.
Du bist nicht paranoid.
Dein Körper kann schlechte Vibrationen wahrnehmen.
Wenn etwas in deinem Innern sagt,
dass etwas an einer Person oder einer Situation nicht stimmt,
dann vertraue darauf."
(Quelle: Daniela Dos Santos/Instagram)

Profiblick aus der systemischen Beratung

Lesen ist weltweit sehr beliebt, sicherlich weil es entspannt und Stress reduziert. Ja, es kann zeitintensiv sein. Sind dies andere Hobbys wie Reisen, Musik hören, Gartenarbeit, Fahrrad fahren, Kochen etc. nicht auch? Gemeinsame Hobbys und Freizeitaktivitäten sind übrigens genauso wichtig, wie auch etwas für sich selber zu tun. Jeder braucht auch seinen persönlichen Freiraum, weil man sich ansonsten gegenseitig erdrückt und voneinander abhängig werden kann. Wer sich nur auf seinen Partner oder seine Partnerin fokussiert, vergisst sich selbst. Auch in Beziehungen bist und bleibst du ein eigenständiger Mensch, der eine eigene Entwicklung vollzieht. Freiraum gibt dir die Möglichkeit, Kraft zu schöpfen für den Alltag und je nachdem, was du für dich tust, deine eigene Batterie wieder aufzuladen. Natürlich gibt es auch so etwas wie zu viel Freiraum. Wenn der eine unter anderem ein größeres Nähebedürfnis hat als der andere. Hier hilft nur eines: So früh wie möglich in einer Beziehung dies zu klären. Was ist aber, wenn dennoch einer in einer Beziehung immer alles zusammen machen möchte und der andere nicht? Im Folgenden ein paar kleine Tipps, um es zu regeln, und auch das kann sein: Dann passt es halt einfach nicht zusammen.

- Regeln im Umgang miteinander besprechen für gegenseitigen Respekt und Akzeptanz
- Ruhe und Entspannung auch mal für sich alleine genießen

- In der gemeinsamen Beziehungszeit wertvolle Erinnerungen schaffen
- Eigene soziale Kontakte weiter pflegen und nicht alles gemeinsam machen

Jeder braucht seine eigene Zeit zum Atmen und das Beste, man hat sich viel mehr zu erzählen, wenn man sich wiedersieht und dich darauf freut dem Partner/der Partnerin zu erzählen, was man erlebt hat. Versucht also, auch Hobbys zu verfolgen, die euch nur alleine gehören. Das hält die Liebe frisch.

19 „Alle meine Freunde sagen auch über dich ..."

Perspektive aus drei Jahren Beziehung

Was für ein Totschlagargument, wenn man selber allerdings kein eigenes hat. Ich würde mir blöd und dumm vorkommen gegenüber Familie, Freunden/Freundinnen und/oder Kollegen/Kolleginnen zu argumentieren mit „Alle anderen sagen auch...". Komischerweise waren alle immer genau der gleichen Meinung wie mein Gegenüber, und zwar in jeglichen Belangen, was sowohl mein Verhalten als auch meine Meinungen zu den unterschiedlichsten Sachverhalten anging. Zumindest laut seinen Aussagen. In der Realität habe ich es von niemandem wirklich auch nur einmal direkt gehört bzw. bestätigt bekommen. Kurzum, ich war laut meinem Gegenüber immer falsch und alle anderen konnten dies ständig bestätigen. Im Nachgang erschließt sich mir nur eines eigentlich nicht, woher wussten alle immer von meinem Verhalten und meinen Meinungen, wenn es doch die auferlegte Regel meines Gegenübers gab, mit Außenstehenden nicht über unsere Beziehung zu sprechen. Auch kann ich mich erinnern, dass seine Freunde und Bekannten genauso wie die Familie tendenziell eher irritiert reagierten, wenn ich in gemeinsamen Momenten etwas Entsprechendes zur Sprache brachte und selten die mir vorher dargestellte Meinung über mich vertraten. Speziell der Bruder meines Gegenübers brachte es mal ganz unmissverständlich auf den Punkt; indem er mir mitteilte, dass sein Bruder ständig lügen und gerne Menschen gegeneinander ausspielen würde, auch innerhalb der Familie. Ergänzend an dieser Stelle möchte ich über die Menschen an der Seite meines Gegenübers eines sagen, das sind liebe Menschen, die ich übrigens alle so einschätze, dass diese andere Menschen mit nur vorliegenden einseitigen sowie begrenzten Informationen NICHT be- oder verurteilen würden.

Perspektive aus 18 Jahren Beziehung

Diese Aussage durfte ich mir erst nach der Trennung bzw. während der Trennung anhören, denn da war er auf einmal der Meinung, dass er mich vor den Freunden verteidigt hat. Er sagte zu mir, dass er sich immer anhören musste, dass seine Freunde sagen würden, dass er mich doch lieber arbeiten schicken sollte, statt mich studieren zu lassen. So würde ja nie Geld ins Haus kommen. Ich könne doch auch an der Kasse arbeiten oder im Einzelhandel; diese bringt auch gutes Geld. Ich durfte mir anhören, dass er immer für mich einstand und immer gesagt hat, dass ich auch mein ganzes Leben lang studieren könnte. Dabei habe ich bis auf paar Ausnahmen immer durchgearbeitet, zwar nicht immer Vollzeit, aber ich habe immer Geld ins Haus gebracht. Warum zum Teufel, muss man sich als zweifache Mutter, die nebenbei gearbeitet und studiert hat, sich so was noch anhören müssen. Der Mama-Job ist doch schon hart genug. Keine Mutter muss sich für diese Arbeit rechtfertigen müssen. Und ich denke, dass keiner das Recht hat, überhaupt über irgendeinen Weg – beruflich oder privat – urteilen zu dürfen. Es ist ja nett gemeint, dass er mich verteidigt hat, aber ich hätte mich auf diese Diskussion erst gar nicht eingelassen. Auch musste er mich angeblich vor seiner Familie verteidigen, die der Meinung war, dass ich nicht kochen würde und dass ich zu viel unterwegs bin. Auch da frage ich mich mittlerweile, warum er es nicht sofort mit mir besprochen hat. Warum müssen solche Sachen erst in der Trennung auf den Tisch gelegt werden? Und jemanden nochmals eines reinzudrücken? Nein, weil so was evtl. nie stattgefunden hat.

Inspiration für dich bzw. was mir/uns geholfen hat

Hat es Vorteile, wenn man gut darin ist, andere zu manipulieren? Kennst du dich damit nicht gut aus, hast du auf jeden Fall tendenziell eher Probleme oder nennen wir es Herausforderungen mit einem Gegenüber, das versucht, dich zu manipulieren.

So bei uns beiden, jeweils unabhängig voneinander. Über das Thema Manipulation gibt es zahlreiche gute Bücher... hol dir eines. Wir erleben es heute als Defizit, dass wir darauf nicht vorbereitet waren und wenig wirklich gute Erfahrung hatten, was es heißt, wenn jemand deine Grenzen überschreitet und dein Nein dazu nicht akzeptiert. Wenn dein Gegenüber dramatische Aussagen macht, um dir ein schlechtes Gewissen zu machen. Wenn du deine Liebe beweisen sollst, dich auf eine bestimmte Art und Weise verhalten sollst oder dir klar gemacht wird, was man von dir als Frau/Mann erwartet. Also besorge dir ein Buch darüber, damit du lernst, Manipulationen zu erkennen und dementsprechend zu reagieren. Lerne aber vor allem, ruhig zu sein und gelassen damit umzugehen.

> *„Manchmal müssen wir aufhören zu vergeben.*
> *Die Menschen wissen genau, was sie tun."*
> **(Quelle: liebelieberdich/Instagram)**

Profiblick aus der systemischen Beratung

Das Gegenteil eines wertschätzenden Miteinanders sind Totschlagargumente bzw. sogenannte Killerphrasen wie „Das haben wir schon immer so gemacht ..." oder halt „Alle anderen sagen auch über dich ..." Es gilt das Wirkungsprinzip solcher Argumente zu verstehen, denn tendenziell soll dieses den Inhalt einer Aussage oder den Sprecher diskreditieren. Diskussionen werden so von dem, der diese nutzt, bewusst abgewürgt, um so keine anstrengende Überzeugungsarbeit leisten zu müssen. Was verbirgt sich dahinter? Es kann ein Ventil für den eigenen Stress sein, ein Zeichen von Antipathie, keine Lust zu haben, bessere Argumente zu finden, sich nicht anders zu helfen zu wissen und/oder sich einfach aufplustern zu wollen wie in einem Machtkampf, wenn man in einer Diskussion solche Argumente nutzt. Wie kann man am besten damit umgehen? Indem man es nicht unbeantwortet lässt, es stattdessen aufgreift und konkrete Nachfragen stellt. Ruhig zu bleiben und sich nicht provozieren zu lassen ist genauso wichtig wie selber sachlich zu argumentieren und vernünftige Gegenargumente ernst zu nehmen. Eine sehr wirkungsvolle Methodik ist es, sich nicht einschüchtern zu lassen, sondern stattdessen den Ball einfach mit einer passenden Frage zurückzuwerfen wie „Was und wie genau habt ihr das denn schon immer so gemacht?" oder „Was sagen denn alle anderen konkret über mich und wer überhaupt?". So kommt der Nutzer des Totschlagargumentes in die Situation, selbst Argumente liefern zu müssen, statt das Gespräch abzuwürgen bzw. den anderen einfach nur mundtot zu machen.

20 „Du Schlampe/ Hure/Prostituierte etc."

Perspektive aus drei Jahren Beziehung

Beleidigend und diskriminierend zu sein ging meinem Gegenüber tatsächlich so leichtfertig von der Hand, wie ich es noch nie erlebt hatte. Anfänglich dachte ich immer, es läge an mir, zumal er mir das ja auch immer wieder zu verstehen gab, dass nur, weil ich mich fehlverhalte, er so mit mir umgehen müsste. Irgendwann merkte ich, dass er Frauen grundsätzlich so betitelte und nur wenige Ausnahmen machte. Selbst vor seiner Schwester machte er nicht Halt und bezeichnete sie nicht nur als kleines dummes Mädchen, denn das war definitiv noch das Harmloseste rückblickend. Ach ja, meine Freundinnen und/ oder weiblichen Bekannten waren zudem ja auch alle Schlampen und gescheiterte Existenzen. Unglaublich, dass er selbst vor der Beschimpfung meiner in dieser Zeit verstorbenen Mutter keinen Halt gemacht hatte. Im Nachgang an Widerlichkeit nicht zu übertreffen und ich erspare allen, was er konkret gesagt hat, da es so ekelerregend ist, dass ich es weder aussprechen, geschweige denn aufschreiben mag. Eine Zeit lang habe ich wirklich versucht, in diesen Momenten verbal zurückzuschießen. Was für ein Quatsch rückblickend auch das war. Unabhängig davon musste ich feststellen, dass mir erstens gar nicht so viele widerliche Wörter einfielen und außerdem wirkte es jedes Mal nicht nur einfach null authentisch, sondern geradezu lächerlich, wenn ich es versuchte. Irgendwann hatte ich einfach verstanden, dass mein Gegenüber all seine negativen Anteile, alles, was er Schlechtes über sich selber dachte und tat, auf mich projizierte. Je mehr ich zuhörte und beobachtete, desto klarer wurde mir das.

Perspektive aus 18 Jahren Beziehung

Diese direkten Worte hat er nicht verwendet, aber mir unterschwellig in den Streitgesprächen deutlich gemacht, dass ich leicht für jedermann zu haben bin. Schließlich sollte ich ja auch meine Trainer ficken, ganz zu schweigen von den ganzen Männern, die ja NUR was von MIR wollen. Ja, selbstverständlich habe ich alle durch die Ausbildung, über das Studium sowie auch im Freundeskreis und dann auch noch beim Sport oder in der Freizeit kennengelernt. Also eigentlich bestand mein Alltag wohl daraus, andere Männer intim zu beglücken. Denn schließlich war ich ja diejenige, die geschmolzen ist, wenn ein Mann den Raum betreten hat. Ich war diejenige, die immer angeflirtet wurde und die, die immer mit ihren Reizen spielt. Zwar bin ich das komplette Gegenteil davon, aber okay, wir lassen es mal so stehen. Schade ist nur, dass es heftigst an meinem Selbstwert geknabbert hat. Eigentlich müsste man das Gegenteil denken, aber so ist es nicht. Ich habe Stunden damit verbracht, ihm nach dem Training zu erklären, dass sich niemand beim Sport an mich rangemacht hat, und dass ich auch mit niemandem gesprochen oder Ähnliches getan habe. Eigentlich war ich immer damit beschäftigt, mich rechtfertigen zu müssen, warum mich ein Mann angeguckt oder angesprochen hat. Zum Schluss habe ich mich schon selbst kontrolliert, wie ich mit jemandem rede, damit ich mich detailliert an alles erinnern kann und mich somit ihm gegenüber erklären kann. Aber das ist ja nicht genug, ich musste ja auch für die dritte Person reden und ihm deren Verhalten erklären. Welches ich natürlich nicht konnte, aber musste.

Inspiration für dich bzw. was mir/uns geholfen hat

Immer wieder für sich selber Kraft zu tanken war eine unfassbar hilfreiche Quelle, unserem Gegenüber jeweils standhalten zu können. Sehr hilfreich dafür war das kostenlose Hörbuch „Wo die Seele auftankt" von Marco von Münchhausen. Wer damit intensiv für sich arbeiten möchte, sollte dennoch das Geld für das Taschenbuch ausgeben – es lohnt sich! Der Autor stellt 15 verschiedene Möglichkeiten vor, die eigenen Ressourcen zu aktivieren; u. a. Ordnung schaffen, konzentriertes Tun, Bewegung, Genießen, Dankbarkeit etc. Zahlreiche seiner Ausführungen sind außerordentlich hilfreich, so auch bei den eigens erlebten Aussagen wie „Du Schlampe/Hure/Prostituierte." Hier rät Marco von Münchhausen im Kapitel „Ordnung schaffen" zum Thema „Vergeben" zunächst innerlich auf Distanz zu gehen. Die verletzende Handlung des anderen von dem eigenen persönlich empfundenen Schmerz zu trennen, da der Angriff des anderen zu seinem seelischen Ballast gehört, mit dem er selber fertig werden muss, mit sich und seinem Gewissen. Bitte zumindest das kostenlose Hörbuch nutzen und wieder in die eigene Kraft kommen, um Grenzen setzen zu können für das eigene Glück im Leben. Du hast nur eines!

„Karma sagt:
Wenn jemand nicht zu dir passt,
wird Gott ihn immer wieder beauftragen,
dich zu verletzen, bis du stark genug bist, ihn loszulassen."
(Quelle: denizitate/Instagram)

Profiblick aus der systemischen Beratung

Für eine glückliche und langfristige Beziehung bedarf es vor allem Respekt. Dahinter verbirgt sich Achtung und Wertschätzung dem anderen gegenüber genauso wie Toleranz und Akzeptanz. Es geht darum, einen anderen Menschen zu achten und seinen Wert zu erkennen, auch wenn er anders ist als man selbst. Respektloses Verhalten hingegen ist Ausdruck von Missachtung, fehlendem Anstand und/oder Verachtung. Respektlosigkeit in einer Beziehung kann viele Gesichter haben. Ein Prozess, der übrigens häufig schleichend verläuft. Typisch dafür zum Beispiel sind Beschimpfungen und Beleidigungen, welche in einer

Beziehung eher nicht vorkommen sollten. Erziehungsversuche, genauso es dem anderen nicht recht machen zu können, Vorwürfe „Immer machst du .../Ständig tust du ..." und auch körperliche Gewalt zeugen von Respektlosigkeit in einer Beziehung. In einer Beziehung kann es nur Sinn machen, sich auf Augenhöhe mit entsprechendem Respekt zu begegnen. Respektlosigkeit und Demütigungen zerstören Nähe, Intimität und letztendlich die Liebe. Frage dich selber einmal, könntest du mit jemandem, den du wirklich von ganzem Herzen liebst und auf gar keinen Fall verlieren möchtest, respektlos umgehen? Wahrscheinlich eher nicht.

21 „Du bist nicht in der Lage, eine Beziehung zu führen"

Perspektive aus drei Jahren Beziehung

Das ist mit ganz großer Sicherheit eine Frage der persönlichen Perspektive und eigenen Wahrheit... wie so oft im Leben. Aber ich fange einfach ganz vorne an. Vor meiner letzten dreijährigen Beziehungsphase war meine längste Beziehung dreizehn Jahre und meine kürzeste ein Jahr. Von keiner dieser Beziehungen kann ich behaupten, dass mir diese seelisch und/oder körperlich wehgetan haben. Irgendwann hat man einfach ganz erwachsen festgestellt, dass es entweder nicht wirklich passt oder man sich unterschiedlich entwickelt hat oder entwickeln möchte. Ich denke, so ist das Leben eben auch und das ist ok. War ich also nicht in der Lage, eine Beziehung zu führen? Woran genau macht man das eigentlich fest. Tatsächlich müsste ich dies dann auch bzgl. meines Gegenübers sagen. Tue ich aber nicht. Im Endeffekt hat es einfach überhaupt nicht gepasst mit Blick auf die Werte und Normen, Vorstellungen von Mann und Frau, die Art und Weise miteinander umzugehen, bisherige persönliche Lebenserfahrungen genauso das jeweilige soziale Umfeld. Noch nie in meinem Leben habe ich mich mit einem anderen Menschen so fehl am Platz gefühlt, so falsch, so wenig authentisch, so bedroht, so manipuliert, so unsicher und klein. An einer Beziehung darfst du wachsen, dich sicher fühlen, lachen und lieben, gemeinsame Ziele und Pläne haben. Das hatte ich mit meinem Gegenüber nicht und mein Bauchgefühl sagte mir dies immer und immer wieder, bis ich endlich zuhörte und eine Entscheidung traf, für mich und meinen Sohn gegen mein Gegenüber, um endlich wieder glücklich im Leben zu sein. Eine sehr gute Entscheidung, endlich loszulassen.

Perspektive aus 18 Jahren Beziehung

„Du hast mich ja gar nicht richtig geliebt, denn, wenn man liebt, trennt man sich nicht ..." Ach so, ja klar, natürlich! „So, wie du bist ... mit so einer Person kann man keine Beziehung führen, aber ich mache es, weil ich dich über alles liebe und keiner wird dich so auf den Händen tragen, wie ich es gemacht habe." Er sagte mir, ich solle erstmal wissen, was überhaupt Beziehung sowie Liebe bedeutet. Denn schließlich bin ich schwer zu lieben und er wüsste, wie anstrengend es mit mir sein kann. Dieses würden auch seine Geschwister über mich sagen – denn mein Charakter ist nicht einfach, ich bin schwer zu lieben und absolut nicht dankbar. Schön, dass mich seine Geschwister beurteilen können, aber kaum ein Wort über mich, mit mir gesprochen haben. Und ja, ich war auch bei denen nicht beliebt, aber auch damit kam ich klar – ihm zuliebe! In der Trennung sagte er mir, er wünscht meinem zukünftigen Partner „viel Glück und Spaß" mit mir, denn es hält ja eh keiner mit mir aus und wenn, dann ist es eh ein Arschloch und würde mich nur ausnutzen. Dazu wünscht er meinem zukünftigen Partner „viel Spaß" mit meinen Eltern, denn diese haben uns schließlich auseinandergebracht und würden sich dafür feiern. Denn meine Eltern sind respektlos und unerzogen – sowie auch ich. Aber ja, ich bin schwer zu lieben und kann keine Liebe geben und empfangen. Und nein, mit mir kann man keine Beziehung führen, weil ich nichts im Leben hinbekommen habe. Nichts, absolut nichts, wo mir meine Eltern angeblich nicht geholfen haben. Na ja, bis auf meine Ausbildung, meine zwei Kinder, Studium, Arbeit, Haushalt, Hauskauf, Hobbys, Freunde, Freizeit sowie mein ganzer Alltag. Und den Namen „Muttertöchterchen" habe übrigens ich erfunden, denn dieser passt perfekt zu mir.

Inspiration für dich bzw. was mir/uns geholfen hat

Viele von uns haben das schon immer so gemacht. Was? Zum Beispiel ein Buch immer vorne anzufangen und ganz normal Kapitel für Kapitel hintereinander weg durchzulesen. Oftmals leben wir auch unser Leben so, weil man das so macht. Muss das aber, weil man das so macht, für uns wirklich richtig sein? NEIN, muss es nicht. So, auch in diesem Fall: Die richtige Entscheidung könnte es auch sein, erst das Kapitel 5 „DIE VERGANGENHEIT LOSLASSEN" aufzuschlagen. Auf den Seiten 125 bis 155 geht es dank Autorin Brianna Wiest in ihrem Buch „The Mountain Is You" genau darum, uns mit der Zeit zu verändern, dass wir genau dafür geschaffen sind, uns weiterzuentwickeln, und dennoch halten wir an dem Gepäck und Trümmern aus der Vergangenheit fest. Warum das so ist, was uns das sagt und wie wir damit umgehen können, dafür bietet alleine das benannte Kapitel so unfassbar viel Inspiration, dass man es hier komplett runterschreiben möchte, was natürlich weder Sinn macht noch erlaubt ist. Deswegen aber ein paar kleine Auszüge daraus, die dich dazu ermutigen und inspirieren sollen, es auf jeden komplett zu lesen:

• Solange wir uns selbst sagen, wir müssten loslassen, fühlen wir uns immer mehr verhaftet. Also verlange nicht von dir, loszulassen.
• Mit der Zeit siehst du, dass das Verlorene nicht dein Weg war. Es war das, was im Weg stand.
• Wir sind nicht an einer Trennung zerbrochen; wir sind daran zerbrochen, dass wir eine Liebe wollten, die nicht die Richtige für uns war.
• Es ist ganz einfach so: Wenn etwas für dich richtig ist, bringt es dir Klarheit, und wenn etwas falsch für dich ist, bringt es Verwirrung.
• Was für dich nicht richtig ist, wird nicht bei dir bleiben, weil du tief im Inneren weißt, das es nicht richtig ist.

Es lohnt sich wirklich sehr, sich mit diesen Inhalten auseinanderzusetzen. Es wird dir Klarheit geben und dich wahrscheinlich in die Handlung bringen auf dem Weg zu dem, was dich glücklich macht und mit Blick auf deine Beziehungen in deinem Leben. Und ob du dann in der Lage bist, eine (gute) Beziehung zu führen, kannst du sehr wohl gut selber beurteilen.

> *„Sei stolz.*
> *Sei stolz auf dich, weil du die Tage überstanden*
> *hast, an denen du dachtest, du könntest nicht mehr."*
> **(Quelle: wohlstandsrezept/Instagram)**

Profiblick aus der systemischen Beratung

Gemeinsame Werte sind eine sehr wichtige Basis für eine Beziehung – über die gegenseitige physische Attraktivität hinaus sorgen ähnliche Werte dafür, ob man sich vorstellen kann, mit einem anderen Menschen mehr als eine rein körperliche Beziehung zu führen. Grundsätzlich haben zudem unsere eigenen Werte einen maßgeblichen Einfluss darauf, wie wir uns verhalten im Umgang mit anderen Menschen. Einige dieser Werte sind uns sehr wohl bewusst, andere nicht. In Beziehungen kommen zwei Menschen zusammen und jeder bringt seine eigenen Werte mit. Welche Werte sind besonders in einer Partnerschaft von Bedeutung: Anerkennung, Familie, Fürsorge, Harmonie, sinnliche Befriedigung, Treue, Verbundenheit, Vergnügen, Respekt und Ehrlichkeit. Werte sind unsere tiefsten Überzeugungen. Werte geben unserem Leben eine Richtung und schützen das, was uns im Leben wichtig ist. Wertvorstellungen sind sehr individuell, so liegt es nahe, dass auch in Beziehungen unterschiedliche Werte bestehen. Im Zusammenleben macht es durchaus Sinn, dass jeder seine Bedürfnisse im Zusammenhang mit seinen Werten äußert und zumindest der Sinn und Zweck der Partnerschaft sollte für beide passen. Unterschiedliche Werte sorgen oftmals für Konfliktpotenzial. Folgende Fragen dafür können helfen, zu erkennen, ob dem so ist: Was ist uns gemeinsam wichtig? Was treibt uns beide an? Was erfüllt uns beide? Gemeinsame Werte helfen, gemeinsam in die gleiche Richtung zu schauen, statt nur einander anzublicken. Durch Respekt und Akzeptanz ist es aber sehr wohl auch möglich, mit unterschiedlichen Werten gemeinsam glücklich zu sein und nicht zwangsläufig zu streiten. Ein hilfreiches „Da sind wir halt unterschiedlich" zeigt, dass Streit und/oder Diskussion hier unnütz ist. Das würde nur Sinn machen, wenn das Thema ein lösbares Problem wäre, was stabile unterschiedliche Werte eher nicht sind.

22 „Du und dein scheiß Bauchgefühl"

Perspektive aus drei Jahren Beziehung

Hätte ich nur mehr darauf gehört, statt mir mein Bauchgefühl schlecht reden zu lassen. Irgendwann hatte ich es mir aber abgewöhnt, Aussagen meinerseits mit dem Hinweis auf mein Baugefühl zu untermauern, da mir ja dann sofort eingeredet wurde, dass mein Bauchgefühl schlecht ist und nicht funktioniert. Bis heute kann ich eigentlich nicht so richtig nachvollziehen, warum ich das zugelassen habe. Meine innere Stimme schrie so unfassbar laut und ich versuchte sie ständig und immer wieder zu ignorieren. Nahezu jeden Tag drückte ich meine innere Stimme weg und selbst heute weiß ich gar nicht, wo ich anfangen soll, so viele Beispiele aus diesen drei Jahren fallen mir dazu ein, wo es schlau gewesen wäre, es nicht zu tun. Gut erinnere ich mich noch daran, dass mein Gegenüber mal einen betrunkenen jungen Mann in der Fußgängerzone heftig verprügelte, weil sich dieser wie gesagt in der Fußgängerzone vor unser Auto gestellt hatte und einen verbalen Schlagabtausch provozierte. Sehr gut erinnere ich mich heute noch an den genauen Ablauf und war erschüttert über die hohe Aggressivität meines Gegenübers. Dieser hatte sich absolut null im Griff. Meine innere Stimme in dem Moment war perplex und brachte in mir nur ein „Das ist absolut nicht normal! Dieser Mensch ist extrem gefährlich und schadet dir." Eine Situation, welche leider kein Einzelfall bleiben sollte. Ohne weitere Beispiele an dieser Stelle zu beschreiben, kann ich heute rückblickend nur eines sagen, wenn dein eigenes Bauchgefühl dir Hinweise sendet, wie „Was mache ich nur hier?" oder „Ich habe das Gefühl, ich lebe wie in einem schlechten Film!" oder „Das fühlt sich an wie eine Parallelwelt, aber keine Gute", dann hör darauf und lass dir auf gar keinen Fall etwas anderes erzählen bzw. dich auf höchstem Niveau manipulieren.

Perspektive aus 18 Jahren Beziehung

Du interpretierst viel zu viel in etwas, was nicht ist. Das war immer meine Aussage, als er mir wieder Sachen vorgeworfen hat. Ich hatte es schon immer im Bauchgefühl, dass etwas nicht stimmte. Konnte es aber nie definieren, geschweige aussprechen. Als ich mich langsam etwas getraut habe, wurde ich gleich kritisiert. Ich solle doch aufhören, etwas zu erfinden, was gar nicht existiert. Doch es existierte – mein Bauchgefühl. Es war schon immer da. Nur, ich habe es nicht mehr hören wollen, da mir immer gesagt wurde, dass es nicht stimmt oder ich es mir doch nur einbilde oder Ähnliches. Ich habe mich eigentlich komplett gegen mein Inneres – welches doch so laut geschrien hat – gewehrt. Ich habe nicht mehr auf meinen Körper gehört und alle Signale gekonnt ignoriert. Ich wusste, dass mein Körper mir zeigt, wie schlecht es meiner Seele geht, aber ich konnte und sollte doch nicht auf mein Bauchgefühl hören, denn schließlich war es nicht mein Bauchgefühl, sondern mein Kopf, der mir da etwas vorlügt. Ende der Geschichte ist, in der Trennung stützte er sich bei jeder Aussage immer wieder auf sein Bauchgefühl, denn sein Bauchgefühl täuscht ihn doch nicht. Sein Bauchgefühl hat ihm auch gesagt, dass ich tatsächlich fremdgegangen bin und ihn noch nie geliebt hätte. Sobald ich wieder auf mein Bauchgefühl zu sprechen kam, ging die oben erzählte Geschichte los. Ist wirklich komisch, dass er seinem Bauchgefühl trauen durfte und konnte, aber es mir immer wieder ausreden wollte.

Inspiration für dich bzw. was mir/uns geholfen hat

Das Wichtigste zuerst: Dein Bauchgefühl ist wie ein Schutzengel. Vertraue darauf. Wir haben beide festgestellt, dass das Leben kaum zu ertragen ist, wenn dir deine innere Stimme leise und liebevoll versucht, deinen Weg zu weisen, du aber aus Angst vor Konflikten mit deinem Gegenüber anders agierst, als du es eigentlich fühlst und somit möchtest. Du schaffst das, indem du anfängst, Verantwortung für dich und dein Leben zu übernehmen, statt dich steuern zu lassen.

Solltest du nach den bereits zahlreichen Tipps unsererseits zu großartigen Büchern an deiner Intuition arbeiten wollen, und ja, das ist Arbeit, auch wenn diese innere Stimme existiert und schon immer da war, können wir dir „Höre auf dich" von Valerie Husemann von Herzen empfehlen.

„Je mehr du dich selbst findest,
desto mehr wirst du dich von manchen Menschen entfernen."
(Quelle: erfolgsart/Instagram)

Profiblick aus der systemischen Beratung

Man kann es lernen, konstruktiv für seine eigene Meinung und seine eigenen Interessen einzustehen, diese zu verteidigen und durchzusetzen. Das Zauberwort heißt Konfliktfähigkeit, eine soziale Kompetenz bestehend daraus, aufkommende Konflikte zu erkennen und zu vermeiden bzw. abzuschwächen genauso wie bestehende Konflikte ruhig und konstruktiv zu bewältigen. Diese Fähigkeit hilft sowohl privat als auch beruflich, damit Streitigkeiten das Zusammenleben oder Zusammenarbeiten nicht nachhaltig negativ beeinflussen. Nur wenige Menschen schaffen dies, versuchen doch die meisten, jedem Streit bzw. jeder Diskussion eher aus dem Weg zu gehen. Tatsächlich ist aber sehr wichtig, damit umgehen zu können, weil es eben regelmäßig im privaten sowohl beruflichen Bereich zu Konfliktsituationen kommen kann. Konflikte gehören zu zwischenmenschlichen Beziehungen dazu, egal wie sehr man sich um Harmonie bemüht. Mit einer guten eigenen Konfliktfähigkeit ist es möglich, seine eigene Meinung zu vertreten, die Atmosphäre zu verbessern, genauso wie seine Grenzen zu setzen und somit Respekt einzufordern. Was ist dafür wichtig? Zunächst einmal die Trennung zwischen emotionaler und inhaltlicher Ebene, also der Beziehungs- und Sachebene. Ergänzend dazu für den nächsten Konflikt zur Verbesserung der eigenen Konfliktfähigkeit ein paar Tipps:

- Akzeptanz für Konflikte und dass diese bei entsprechender Lösung kein nachhaltiges Problem darstellen müssen.
- Reflektieren, worum es eigentlich genau geht und was der Grund dafür ist, um besser und gezielter darauf reagieren zu können.
- Klar machen, dass jeder Konflikt auch einen Nutzen hat.
- In die Lage des anderen versetzen und versuchen, die Meinung des anderen nachzuvollziehen.
- Für eine entspannte Atmosphäre sorgen, indem man freundlich bleibt.

Ein ganz wesentlicher und sehr wichtiger Aspekt für die eigene Konfliktfähigkeit: arbeiten an dem eigenen Selbstbewusstsein, um so sich zu trauen, den Konflikt zu führen, für sich einzustehen und nicht einzuknicken aus Angst vor Ablehnung. Jeder Konflikt bietet nämlich eine große Chance, gemeinsam zu wachsen, sich weiterzuentwickeln und vor allem die Basis für einen besseren Umgang miteinander.

23 „Halt die Fresse" oder „Laber mich nicht voll"

Perspektive aus drei Jahren Beziehung

Eine wirklich primitive und widerliche Ausdrucksweise, die von Dummheit und Hilflosigkeit zeugt, nicht mehr und nicht weniger. Als ich es das erste Mal von meinem Gegenüber zu hören bekam, war ich zunächst einfach überrascht und habe wahrscheinlich ziemlich dämlich geguckt. Das war mir vorher in meinem ganzen Leben wirklich nicht passiert. Selbst in den hitzigsten Diskussionen in der Familie, früheren Beziehungen, unter Freunden oder auf der Arbeit, war mir das tatsächlich noch niemals passiert, dass mir so etwas gesagt wurde, geschweige denn ich mich verbal so abgrundtief vergriff. Fällt das unter Beleidigung? In meiner Welt definitiv. Zudem ist es an Unhöflichkeit und Respektlosigkeit nicht zu überbieten. Wie oft ich diese Aussagen gehört habe, weiß ich mittlerweile nicht mehr. Grob geschätzt in fast jeder Diskussion, in der ich es wagte, meine eigene Meinung zu vertreten und nicht klein beigab und meine Bedürfnisse unterordnete. Leider musste ich feststellen, dass mein Gegenüber darin sehr viel Übung hatte. Bis heute ist mein Gegenüber der einzige Mensch, den ich kennen lernen „durfte", der so eine widerliche und schäbige Ausdrucksweise hat. Natürlich lag das alles immer an mir und meinem Verhalten. Woran auch sonst. Und natürlich zeigte er sich seinen Freunden und Kollegen gegenüber immer von seiner besten Seite. Ich glaube, nur wirklich schlaue Menschen in seinem Umfeld haben seine wahre Art dennoch erkannt. Von einem seinerseits gut befreundeten Pärchen sagte sie einen Abend neben mir sitzend auf ihn blickend: „Ich kenne solche Männer, die sind brutal und aggressiv." Ob sie wusste, wie unglaublich treffend ihre Aussage doch war.

„Was laberst du da eigentlich? Merkst du überhaupt, was du da laberst? Du laberst nur Müll." So was hat in einer respektvollen Beziehung nichts verloren. In der Trennung musste ich mir so etwas aber fast täglich anhören, dabei habe ich zum Schluss nur noch geschwiegen und habe fast nicht mehr kommuniziert. Nur noch das Nötigste kam aus mir raus und trotzdem konterte er mit solchen Aussagen. Das war auch so eine Aussage, die mir meine Luft abgeschnürt hat, weil ich überhaupt nicht wusste, wie ich damit umgehen soll. Auch solche Aussagen wie: „Überleg erstmal, was du da laberst, bevor du deinen Mund voller Lügen öffnest ..." waren wie ein Schlag ins Gesicht. Ich habe nie gelogen oder etwas verheimlicht und musste mir es dennoch anhören.

Inspiration für dich bzw. was mir/uns geholfen hat

An dir selber zu arbeiten, ist wohl das Beste, was du tun kannst. Nein, du bist nicht perfekt. Übrigens niemand ist perfekt und dennoch muss und darf sich niemand solche Aussagen gefallen lassen. Arbeite daran, warum du dir so etwas überhaupt sagen lässt. Keine Erfahrung mit solchen Minusmenschen zu haben ist nicht schlimm. Schau dir viel lieber an, wie es um dein Selbstwertgefühl, dein Selbstvertrauen, dein Ego, deine eigenen Gedanken, deine Glaubenssätze steht, und suche dir jemanden, der dir dabei hilft. Tue es für deinen Frieden. Gesagtes ist wohl kaum zurückzuholen und kann genauso verletzend sein wie die ein oder andere Handlung. Natürlich kann es sein, dass wenn du anfängst, Grenzen zu setzen, dass eine Beziehung zu Ende geht. So verbesserst du aber eben die Beziehung zu dir selbst. Glaube uns, du bist genauso wichtig und wertvoll wie alle anderen und bist nicht der Sündenbock, der Therapeut, der Boxsack oder das Kindermädchen eines Menschen, der sein Unvermögen so an dir auslässt. Leider sind solche Minusmenschen auf grausame Art und Weise die besten Lehrer auf deinem Weg dich selber zu respektieren.

„Es ist okay sich zu trennen …
Es ist okay neu anzufangen …
Es ist okay allein zu sein …
Was nicht okay ist, ist da zu bleiben,
wo man nicht geschätzt wird."
(Quelle: official_zitat/Instagram)

Profiblick aus der systemischen Beratung

Es gibt Momente im Leben, in denen man sich an einer Konversation am besten nicht beteiligt. Das kann Sinn machen, um unnötigen Problemen aus dem Weg zu gehen oder seinen Gesprächspartner einfach einmal besser kennenzulernen. Was sind so beispielhafte Situationen, in denen man lieber zuhört und den Mund hält? Wenn andere lästern, wenn du nach deinem Liebesleben gefragt wirst, oder aber, wenn du abgrundtief hässlich beleidigt wirst. Also einfach mal schweigen und auf die Wirkung der Stille vertrauen. Es ist machtvoll, gibt Souveränität und Zeit zum Nachdenken. Schweigen ist keine Zustimmung. Manchmal ist es aber besser, tief einzuatmen und nichts zu sagen, weil es die beste Antwort ist, die es gibt, für jemanden, der dich und deine Worte nicht wertschätzt.

24 „Für wen hast du dich denn so toll geschminkt bzw. so hübsch/sexy angezogen?"

Perspektive aus drei Jahren Beziehung

Es war nicht so, als hätte ich mich ungewöhnlich hübsch gemacht oder außergewöhnlich sexy angezogen. Ich machte mich morgens im Grunde wie immer frisch für die Arbeit. Kein aufwendiges Make-up, eher Standard... kein Minikleid, sondern Businesskostüm. In erster Linie mache ich das übrigens ausschließlich für mich selber und nicht für jemand anderen. Insofern überraschte mich diese Aussage meines Gegenübers doch sehr. Außerdem sah ich so aus, wie er mich kennengelernt hatte, und habe seitdem sowohl an meinem Make-up oder Kleidungsstil wenig geändert. Außer dass ich tatsächlich darauf achtete, mich noch konservativer zu kleiden, als es in meiner Branche eh schon üblich war. Warum? Weil ich mir so etwas des Öfteren anhören durfte und es tendenziell hitzige Diskussionen nach sich zog, wenn ich mitteilte, wofür ich das machte – nämlich für mich. Für mein Gegenüber war das nicht glaubwürdig und sobald ich ein Kleid oder einen Rock anhatte, gab es ein Problem. Ich fand sowohl Aussage als auch Verhalten sehr irritierend und hatte wirklich auch Schwierigkeiten nachzuvollziehen, wie es sein konnte, dass am Anfang alles in Ordnung schien und es dann immer mehr drehte in eine nicht mehr normale Richtung, zumindest für mich. Nun im Endeffekt überlegte ich mir dann also morgens schon sehr genau, was ich anzog, verzichtete auf meine Kleider, trug nur sehr selten einen Rock, und wagte dies meist nur, wenn ich rechtzeitig zu Hause war, um mich schnell umzuziehen. Erlaubt sei der Hinweis an dieser Stelle, meine Röcke sind knielang.

Perspektive aus 18 Jahren Beziehung

Wie oft ich mir dieses anhören durfte; ich bekomme es nicht
mehr zusammen. Auch auf meine Aussage hin, dass ich es nur
für mich mache, kam die Antwort: Ja, ne, ist klar, ne. Ich habe
mich nie stark geschminkt und war immer basic gekleidet. Keiner
meiner Freunde würde behaupten, dass ich megageschminkt bin.
Zum Schluss war es schon so, dass ich mich morgens überhaupt
nicht mehr schminken wollte, da ich keine Kraft für Diskussionen hatte. Bei jeder Schicht meiner Wimperntusche hatte ich
eine innerliche Angst. Bei jedem Pinselstrich des Highlighters
wusste ich, dass ich wieder darauf angesprochen werden. Von
Lippenstift rede ich jetzt mal nicht. Denn dieser war in der Zeit
undenkbar für mich, da ich zu viel Angst hatte, dass er zu stark
aufträgt und ich damit auch noch Aufmerksamkeit bekommen
könnte. Meine Kleidung wurde von Jahr zu Jahr immer ver-
schlossener. Von schönem Ausschnitt bis hin zu fast komplett
verschlossen. Ich habe mich absolut nicht mehr wohl gefühlt,
weil ich wusste, dass er mich wieder darauf ansprechen wird.
Um diesen Diskussionen aus dem Weg zu gehen, habe ich es
gelassen. Denn schließlich schwebte meine „Leggings-Unter-
wäschen-Geschichte" immer wieder in meinem Kopf. Ich mache mich für niemanden hübsch, schick oder sexy – ich mache
es nur für mich! Ich muss mich wohlfühlen und nicht darüber
nachdenken, was meinem Partner in den Kragen passen würde
oder nicht. Aber diese Frage habe ich mir immer gestellt. Kann
ich diese oder jenes anziehen oder wird es mich wieder drauf
hinweisen, dass es zu toll, viel, eng, kurz ist ... ich bin mir dessen bewusst, dass jeder seinen eigenen Stil hat, und ich weiß,
wo meine „Kleidergrenzen" sind, aber ich lass mir jetzt nicht
mehr vorschreiben, was zu sexy oder zu eng ist.

Inspiration für dich bzw. was mir/uns geholfen hat

Bereits seit mehreren Monaten habe ich einen Artikel der www.rnd.de „Energievampir: Wenn der Partner einem die Kraft aussaugt" von Kolumnist und Paartherapeut Christian Hemschemeier auf meinem Handy ständig griffbereit. Warum? Weil mir der Inhalt so unglaublich hilft, nicht nur zu verstehen, sondern mir ganz viel Kraft und Klarheit gegeben hat, und immer noch gibt. Bitte lies diesen. Es geht darum, dass es in jeder Partnerschaft mal Streit gibt. Wenn man aber das Gefühl hat, so der Autor, dass die Streitigkeiten häufig ohne richtigen Grund und sehr regelmäßig auftauchen, hat man vielleicht eine Partnerschaft mit einem Energievampir. Ich mag diese Bezeichnung Energievampir überhaupt nicht, finde diese irgendwie albern. Inhaltlich verbirgt sich dennoch viel Wahres und vor allem Wichtiges dahinter. Also weiter: Der Autor führt unter anderen aus, dass nichts so heilig ist wie das eigene Energiesystem. Beschreibt Hinweise, wann einem das Gegenüber die Kraft raubt, also woran man das merkt, und beschreibt, dass grundlose Eifersuchtsdramen oft von emotional leeren Menschen provoziert werden. Das ist eben auch eine Form, Energie zu verlieren… quasi durch ständiges Drama. Den Artikel zu lesen, kostet vielleicht maximal fünf Minuten, und ist wirklich sehr gut investierte Zeit. Ich lese diesen heute noch oft und genau jetzt gleich mit Ende dieser Inspiration werde ich es noch mal tun. Und ja, ich sah von Woche zu Woche wieder besser aus nicht nur laut meinem Umfeld, sondern ich sah es selber jeden Tag. Darum geht es zum Ende des Artikels, wenn man sich schafft zu lösen von einem Energievampir. Ein wirklich toller Artikel, Herr Hemschemeier. Danke dafür.

„Egal, was du tust,
laufe niemals dahin zurück,
wo du kaputt gegangen bist."
(Quelle: mindsetmillionairs/Instagram)

Profiblick aus der systemischen Beratung

Bist du ein eifersüchtiger Mensch? Für eine leichte Einwertung dessen: Die milde Variante zeichnet sich dadurch aus, dass diese situationsbezogen ist und meist schnell wieder abklingt. Wer milde eifersüchtig ist, ist offen für Erklärungen des Partners und glaubt dem anderen. Eine starke Eifersucht ist grundsätzlich leicht auch für einen selber zu erkennen. Du siehst rot, sobald zum Beispiel dein Partner mit jemand anderen spricht, jemand anderen anschaut, freundlich zu anderen ist und/oder mit anderen Menschen sich austauscht. Was verbirgt sich dahinter? Die Angst und Besorgnis, nicht gut genug für den anderen zu sein, gepaart mit Gedanken oder Gefühlen von Unsicherheit. Mangelndes Selbstbewusstsein verbirgt sich dahinter sowie auch eine gewisse Unreife. Hältst du von dir selber nicht viel, glaubst du, dass dein Partner früher oder später sowieso jemanden Besseres finden wird. Verlustängste und Kontrollzwang sind die anstrengende Folge dessen. Laut Experten ist eine milde Eifersucht übrigens ganz normal und eher ein Zeichen der Zuneigung. Eine sogenannte gesunde Eifersucht gibt in einer Partnerschaft die Möglichkeit, zu sehen, dass etwas im Argen liegt, und darüber gesprochen werden sollte. Sofern du an deiner Eifersucht arbeiten möchtest, schau auf dich selbst und arbeite daran, vor allem mehr Vertrauen in dich selber zu haben, damit hat dein Gegenüber meist weniger zu tun. Nutze deine Gedankenzeit außerdem nicht für blöde Hirngespinste und negative Gedanken, sondern für das, was im Leben Spaß macht.

25 „Bist du dir sicher, dass du mir alles gesagt hast? Ich bin mir sicher, du verschweigst mir noch etwas"

Perspektive aus drei Jahren Beziehung

Mit wem würdest du so umgehen? Ja, mit jemandem, der dich angelogen hat. Und ja, ich hatte den Fehler gemacht, auf mehrere Fragen nicht sofort und akkurat Rede und Antwort gestanden zu haben. Wie ich es bereut habe im Nachgang. Hinzu kam, dass wenn ich erzählte, was ich gemacht habe, dies bei nochmaligem Erzählen mit anderen Worten wiedergab. Da ich nichts zu verbergen hatte, weder wenn ich mit Freundinnen unterwegs war oder auf der Arbeit, war das für mich an sich nichts Schlimmes. Ich hatte mich für mein Gegenüber aktiv entschieden, und so gar nichts im Kopf, was dazu hätte führen können, dies zu gefährden. Im Nachgang war ich wohl naiv zu denken, dass dies ein gutes Ende finden könnte. So geschah es mir wahrscheinlich zu Recht, dass ich immer wieder infrage gestellt wurde. Das nahm kein Ende und führte zu ständigem Wiederholen unzähliger Themen, welche dadurch nie finalisiert werden konnten. Irgendwann war ich mir schon gar nicht mehr sicher, wie viele kritische Themen zwischen mir und meinem Gegenüber standen. Nur so viel, jeden Tag kamen ein oder mehrere davon auf den Tisch. Es gab im Grunde keinen Tag mehr in meinem Leben, welcher ohne irgendeine Diskussion ablief und das war wirklich, muss ich heute sagen, nicht mehr lebenswert für mich. Mit sehr gutem Abstand kann ich heute aber durchaus sagen, dass selbst ohne meine Fehler sich diese Dynamik nicht hätte vermeiden lassen und es eigentlich nur eine Frage der Zeit gewesen wäre. Mein Verhalten hat dieses im Grunde einfach nur beschleunigt.

Perspektive aus 18 Jahren Beziehung

Oh, alleine bei dem Gedanken an diese Aussage, zieht sich bei mir alles zusammen. Ich wusste schon im Voraus, dass ich diese Aussage ernten werde. Ich habe mir schon die Sätze im Kopf vorformuliert, damit ich nicht ins Straucheln komme, denn auch dieses würde er mir ankreiden und mich als Lügnerin hinstellen. Egal, wo ich mit meinen Freundinnen gewesen bin, diese Frage musste ich mir fast immer anhören. Ich solle doch meine/n Abend/Verabredung nochmals überdenken; denn vielleicht habe ich ja etwas vergessen. Vielleicht habe ich ja doch jemanden getroffen, gesprochen oder kennengelernt und würde ihm es nur verschweigen. Nein, ich hatte Scheißangst überhaupt mit jemandem nur Blickkontakt zu haben, wie soll ich denn da gleich jemanden klar machen!? Nein, habe ich nie! Allein die Tatsache, dass ich hinterfragt wurde, löst ein ganz komisches Gefühl in mir aus. Leider habe ich es erst jetzt verstanden, dass es ständiges Hinterfragen meiner Person und meiner Realität war. Eigentlich wollte er, dass ich mich „verplappere" und ihm somit ein Geständnis mache, dass ich doch eventuell jemanden kennengelernt habe. Diese Hinterfragungen formulierte er in kurzen Abständen auch immer anders. Auch dieses habe ich erst jetzt verstanden; er wollte mit einer anderen Fragestellung alles aus mir rausquetschen. Aber wenn man nur die Wahrheit lebt, bekommt man auch nur die Wahrheit als Antwort zurück.

Inspiration für dich bzw. was mir/uns geholfen hat

Nicht jeder Mensch in deinem Leben tut dir gut. So ist es nun einmal und wenn du bisher keine so schlechte Erfahrung machen musstest, sei froh. Wie geht es dir in der Zeit, die du mit diesem Menschen verbringst, und entscheidend sind nicht immer die einfachen Momente, sondern eher die, die schwierig sind. Was aber wirklich gut ist, dass du lernst von und aus diesen ungesunden Beziehungen viel über dich und was dich ausmacht. Nutze diese Erfahrungen für dich und beschäftige dich mit deinen Bedürfnissen, deinen Glaubenssätzen, deinem inneren Kind und wenn du das alleine nicht schaffst, dann hol dir professionelle Hilfe, denn du hast nur ein Leben. Mach das Beste für dich daraus und genieße es.

„Paradox.
Es ist paradox.
Menschen verletzen dich und verhalten sich dann so,
als ob du sie verletzt hättest."
(Quelle: erfolgsart/Instagram)

Profiblick aus der systemischen Beratung

Ein meist unbewusstes Verhaltensmuster, das häufiger vorkommt, als viele denken, ist die Projektion. Was verbirgt sich genau dahinter? In der Psychologie steht die Projektion für eigene negative Charaktereigenschaften, die man an sich selber ablehnt, welche wiederum aber von einem selber anderen Menschen zugeschrieben werden. Oftmals will oder kann man sich diese ungeliebten Charaktereigenschaften nicht eingestehen. Wenn wir uns also über jemanden aufregen, unsympathisch finden, hinterfragen und/oder Schlechtes unterstellen, hat dies häufig viel mehr mit uns selbst zu tun, als uns eigentlich lieb ist. Dabei handelt es sich um einen psychologischen Abwehrmechanismus. Wir projizieren das an uns Abgelehnte auf andere, weil wir dort genau das sehen, was wir bei uns ablehnen. Problematisch, da wir unserem Gegenüber doch etwas andichten, was dieser ggf. gar nicht ist, zudem sorgt dies nicht gerade für Frieden und Harmonie im Miteinander und außerdem belasten wir uns damit auch noch selber. Was kann helfen? Es bewusst und aktiv wahrzunehmen, sich zu fragen, wo das eigene Problem liegt, und dieses zu benennen und anzunehmen, um so friedlicher sowie entspannter mit uns und anderen Menschen umgehen zu können. Die wirklich wichtigste Frage in dem Ganzen ist „Was hat das, was mich am anderen aufregt, eigentlich mit mir zu tun?" Oder wenn jemand mit dir so umgeht: „Was hat dein Thema diesbezüglich jetzt mit mir zu tun?"

26 „Ich habe so viel für dich getan, du für mich nichts"

Perspektive aus drei Jahren Beziehung

Bis zuletzt erzählte mir mein Gegenüber, dass er mich aus einem tiefen Loch geholt hätte, als er mich kennengelernt hat. Interessant daran ist nur, dass es mir sehr gut ging zu dieser Zeit. Ich war sehr glücklich. Gerade getrennt vom Vater meines Sohnes, sportlich auf hohem Leistungsniveau, beruflich erfolgreich und entspannt, finanziell abgesichert, privat viel und gerne unterwegs. Ja, ich arbeitete viel, oft zu viel. Ich kümmerte mich gerne um meinen Sohn. Traf mich mit anderen Frauen und führte gerne interessante Gespräche. Rückblickend betrachtet war oberflächlich alles in Ordnung. Mein Leben war 42 Jahre wunderbar und gefühlt hatte ich immer alles im Griff. Oftmals hörte ich von anderen Frauen „Wie machst du das nur?". Entgegen der Meinung meines Gegenübers war ich gut organisiert und klar strukturiert. In dem Moment allerdings, wo ich mich trennte, Corona kam und sich vieles in meinem Leben änderte, dachte ich nicht wie gewohnt erst einmal nach, bevor mein Gegenüber drei Monate nach kurzem Kennenlernen bei mir und meinem Sohn einzog. Dumm war ich, blind und naiv. Im Nachgang frage ich mich wirklich, was mit mir nicht stimmte. Seit dieser Zeit, und vor allem in dieser Zeit, habe ich allerdings sehr viel lernen dürfen. Heute erkenne ich auch, warum dies alles passieren musste, und nehme es einfach an. Habe ich nichts für mein Gegenüber getan? Das kann und darf er gerne so sehen, seine Meinung und die soll er gerne behalten... geschenkt. Mich hat es drei Jahre meines Lebens gekostet. Zeit und Ruhe sind in meiner Welt purer Luxus. Wenn das für mein Gegenüber nichts ist, von mir aus. Jeder darf in meiner Welt seine eigene Wahrheit haben.

Perspektive aus 18 Jahren Beziehung

„Ich habe alles für dich gegeben. Mein ganzes Leben. Meine ganze Kraft. Meine Zeit und mein Geld und von dir kam nichts, weil du nur mit mir gespielt hast. Du hast mich nur ausgenutzt. Ich habe mich komplett für dich aufgeopfert und du hast mich wie Dreck behandelt. Dir war es immer egal, wie es mir ging, und ich wollte, dass es dir besser geht, dabei hast du noch deinen Egoscheiß durchgezogen. Du und deine Egoschiene. Komm mal runter von deinem hohen Pferd, sonst wird der Fall knallhart für dich. Sogar im Haushalt habe ich dir geholfen und du warst nie dankbar, weil man es dir nicht recht machen kann. Deine Ansprüche sind viel zu hoch." Also zusammenfassend habe ich angeblich nur für mich gelebt; nur das ich „nebenbei" einfach mal die gesamte Familie gemanagt habe und natürlich noch meinen Job ausgeübt und die zwei Studiengänge absolviert habe. Ja, aber ansonsten habe ich nichts in meinem Leben geschissen bekommen. Aber, dass ich mich für ihn und die Kinder komplett aufgeopfert habe, interessiert ja niemanden, denn schließlich habe ich mein Burn-out nur vorgetäuscht und benötigte die Tabletten nicht. Aber um es noch mal kurz zu erwähnen: „Du bist krank im Kopf. Geh und lass dich therapieren. Du bist einfach psycho." Aber nein, ich habe absolut nichts für die Familie getan und habe ja nur meine Egoschiene gelebt. Ja, komisch nur, dass der Alltag zu 90 % von mir gesteuert wurde. Aber ja, ich verstehe.

Inspiration für dich bzw. was mir/uns geholfen hat

Es gibt eine Sache, an der du unfassbar gut erkennen kannst, was du einem anderen Menschen bedeutest: ZEIT. Warum? Zeit ist das Wertvollste, was du einem Menschen schenken kannst. Wenn du also einem Menschen viel von deiner Zeit gibst, dann wird er dir viel bedeuten. Ob dieser Mensch es wert ist, ist dann aber wieder eine ganz andere Sache. Schau mal unter www.starke-gedanken.de „31 Warnsignale, dass ein Kerl (Anmerkung: gilt für Frauen gleichermaßen) deine Zeit nicht wert ist." Es könnte dir recht schnell die Augen öffnen!

„Nur wer mit sich selbst nicht zufrieden ist,
ist gemein zu anderen.
Merk dir das."
(Quelle: good.life.powers/Instagram)

Profiblick aus der systemischen Beratung

Ein sehr wirksames, genauso beliebtes Instrument, einen anderen Menschen für die eigenen Ziele und Wünsche zu lenken, sind Schuldgefühle. Es sind keine Gefühle wie Trauer, Ärger oder Angst, eher sind es Gedanken darüber, sich nicht richtig verhalten bzw. etwas falsch gemacht zu haben. Man denkt über sein Verhalten nach, ist wütend auf sich selber, enttäuscht, vielleicht gereizt, fühlt sich wertlos und/oder schlecht. Speziell in engen Beziehungsgeflechten ist eine manipulative Form der emotionalen Erpressung und fast nichts macht schneller gefügiger als der Hinweis darauf, an etwas schuld zu sein. Sinnvoll oder hilfreich sind Schuldgefühle übrigens überhaupt nicht, im Gegenteil diese schaden sowohl seelisch als auch körperlich und helfen auch nicht mit Blick auf wünschenswerte Verhaltensveränderungen in der Zukunft. Langfristig sind Schuldgefühle eher eine Belastung auch bzw. gerade für Beziehungen. Spannend ist es zu wissen, dass der Erpresser/die Erpresserin sich meist in der Opferrolle sieht, weil diese/r glaubt, nicht genug Anerkennung zu bekommen, sich verletzt oder gekränkt oder zu kurz gekommen fühlt, um nur ein paar mögliche Gründe zu nennen. Woran, kannst du nun aber erkennen, dass du emotional erpresst wirst, und man versucht, dir Schuldgefühle zu machen: Du glaubst selber, immer wieder etwas falsch zu machen, du handelst entgegen deinen persönlichen Bedürfnissen und du fühlst dich unter Druck gesetzt, wertlos und hilflos. Hier hilft vielleicht das vorherige Kapitel zum Thema Projektion; was der andere ihnen vorwirft, liegt vielleicht in ihm/ihr begründet. Es macht auf jeden Fall Sinn, sich davon zu distanzieren, denn jeder ist für seine Gefühle selber verantwortlich, es ist ok zu akzeptieren, dass der andere ein Thema hat, dann sollte es aber vernünftige Regeln geben, wie man diese bespricht.

27 „Und wo bist du wirklich gewesen?"

Perspektive aus drei Jahren Beziehung

Wo ich war? Auf der Arbeit, so, wie ich es gesagt habe. Bei meiner Freundin, wie ich es gesagt habe. Beim Einkaufen. Im Solarium. Beim Tanken. Auf dem Friedhof. Meinen Sohn zur Schule bringen oder abholen. Wo sollte ich auch sonst gewesen sein? Noch nie in meinem ganzen Leben wurde ich so kontrolliert, ständig begleitet und infrage gestellt. Noch nie in meinem ganzen Leben habe ich bei der Kosmetik jemanden im Nacken sitzen gehabt, bis ich fertig war. Noch nie in meinem Leben konnte ich so wenig normale Dinge tun bzw. erledigen, ohne gefragt zu werden, wo und mit wem ich wirklich war. Mich hat es immer wieder ziemlich perplex gemacht und irgendwann wütend. Wenn du ständig von deinem Gegenüber dir irgendwelche Unterstellungen bezüglich deiner Person anhören musst, dann kannst du irgendwann einfach nicht mehr. Zumindest mir ging es so. Und natürlich, wie sollte es auch anders sein... da ich irgendwann genervt reagierte, fühlte sich mein Gegenüber absolut bestätigt darin, dass ich ganz viel zu verbergen hätte. Hatte ich aber nicht. Vor allem ich selber dachte überhaupt nicht so von meinem Gegenüber. Spannend daran ist eigentlich nur Folgendes: Was ich selber denk und tu, trau ich jedem anderen zu. Chapeau, also Hut ab an mein Gegenüber auch jetzt und heute noch.

Perspektive aus 18 Jahren Beziehung

Du willst mir doch nicht sagen, dass du nur mit XY unterwegs warst!? Da war doch bestimmt jemand anders dabei. Ich weiß es doch. Lüg mich doch nicht an. Da waren doch andere Typen dabei... sag mir die Wahrheit, dass du doch woanders warst! Sie lädt bestimmt nicht ohne Grund nur dich ein!? Sie passt es extra an, damit auch andere Typen da sind, damit du die kennenlernen kannst. Ähm, nein! Wenn ich meine Freundin treffe, sind dort keine Typen dabei. Aber warum warst du gestern um 17 Uhr zu Hause und heute erst um 17:20 Uhr, wo warst du? Mit wem hast du dich noch heimlich getroffen. Komisch, das Training ist immer um 20 Uhr zu Ende, aber du bist erst gegen 20:45 Uhr zu Hause, schon komisch, findest du nicht auch? Wo und mit wem warst du denn noch? Mit wem hast du denn noch so lange gesprochen? Das ist nur ein kleiner Ausschnitt von den unzähligen Geschichten. Teilweise habe ich immer noch die Gewohnheit in mir, mich zu erklären, warum ich später nach Hause gekommen bin oder etwas später zur Verabredung da war. Eigentlich musste ich mich immer erklären, wieso, weshalb, warum, mit wem usw. Ich war nach solchen Erlebnissen immer tagelang damit beschäftigt, ihm zu erklären, wie es wirklich war. Und auch da kamen immer wieder Rückfragen, ob ich mir wirklich sicher sei.

Inspiration für dich bzw. was mir/uns geholfen hat

Was Liebe nicht ist. Eifersucht ist keine Liebe. Wenn wir eifersüchtig sind, misstrauen wir dem anderen. Wir machen uns Gedanken, wo er gerade ist oder ob er sich mit anderen trifft. Wir fühlen uns selbst klein und hilflos und versuchen, uns irgendwie groß zu machen, indem wir Kontrolle über diese Situation bekommen und womöglich Druck ausüben und Schuldgefühle projizieren. Das ist nur ein kleiner Auszug aus dem kleinen, aber unfassbar hilfreichen Buch „On. Off? Beziehung" von Carolin de Witte, welches in nahezu nicht nur in jede Frauenhandtasche passt. Es hat sehr geholfen endlich zu verstehen, was Liebe ist und was nicht, Klarheit über die Situation als solches zu bekommen und vor allem sich und die eigene Gesundheit an erste Stelle zu stellen. Du hast den Schlüssel für dein glückliches Leben selbst in der Hand. Sobald du deinen eigenen Wert spürst, lässt du die Menschen los, die diesen nicht sehen oder missachten.

„Es ist keine Schwäche,
wenn du bestimmte Menschen zum Schutz
deiner emotionalen Gesundheit meidest.
Es ist Weisheit.“
(Quelle: unbekannt)

Profiblick aus der systemischen Beratung

Sich zu rechtfertigen kommt einem Blick in die Vergangenheit gleich anstelle nach vorne zu schauen und eine adäquate Lösung zu gestalten. Hinzu kommt, wer sich für das eigene Denken, Fühlen und Handeln rechtfertigt, macht sich selber klein und steht letzten Endes eben auch nicht zu sich. Wie schlimm ist es also nun wirklich, sich zu rechtfertigen? Im Grunde machen wir das dauernd, wenn wir mit anderen Menschen im Gespräch sind, um unsere persönlichen Beweggründe und/oder Absichten für die Dinge, die wir im Leben tun, darzulegen. Kritisch wird es dann, wenn du es tust, weil du ein schlechtes Gewissen hast, dir Selbstbewusstsein fehlt, oder du nicht in der Lage bist, die Verantwortung zu übernehmen. Sinnvolle Erklärungen wären besser. Wo liegt der Unterschied? Eine Erklärung informiert über die Umstände und das eigene Verhalten. Hier geht es aber nicht darum, den anderen zu überzeugen oder eine Bestätigung zu bekommen, weil du zu dem stehst, was du getan oder gesagt hast, und die Verantwortung dafür übernimmst. Mit einer Rechtfertigung gehst du in eine Verteidigungsposition und versuchst, dich selber zu schützen. Je geringer das eigene Selbstbewusstsein, desto häufiger rechtfertigen wir uns, weil wir die Zustimmung und Akzeptanz aus unserem Umfeld brauchen. Darauf zu verzichten kann man lernen: Es einfach zu lassen zeigt Größe, statt sich kleiner zu machen. Höre einfach auf damit und übernimm Verantwortung und werde immer besser darin, es nicht zu tun.

28 „Es war doch nur Spaß ...“

Perspektive aus drei Jahren Beziehung

Mir leuchtet bis heute leider nicht ein, was daran spaßig sein soll, beleidigt, abgewertet oder runtergemacht zu werden. Im Gegenteil, ich war jedes Mal zutiefst erstaunt, wenn entsprechende Aussagen getätigt und dann entsprechend abgetan wurden. Ernsthaft war meistens mein Gedanke. Mit mir so umzugehen und dies dann als Spaß abzutun. Scheinbar sollte mich das beruhigen. Gezeigt hat es mir im Nachgang die unfassbar herausragende emotionale Unreife meines Gegenübers. So einen Satz höre ich ansonsten von kleinen Kindern, wenn diese wissen, dass sie etwas falsch gemacht bzw. Grenzen überschritten haben. Ein Satz, welchen ich wie alle anderen bereits beschriebenen so oft gehört habe, dass ich es nicht mehr zählen kann oder möchte.

Perspektive aus 18 Jahren Beziehung

„Naaa, wie aufgehübscht!? Für wen denn wieder aufgetakelt!? – „Ach ne, war doch nur ein Scherz ...“ „Du nimmst ja auch immer alles so ernst ...“ „Bist ja voll die Spaßbremse“. Alles, was mit wehgetan hat, hat er dann ins Lächerliche gezogen und als Spaß betitelt. Gott sei Dank ist das nicht allzu oft vorgekommen, aber trotzdem sitzt so was. Alles, was aus Spaß gesagt wird, hat auch irgendwo etwas Wahrheit... habe es ihm versucht so zu erklären – keine Chance. Es war doch alles nur Spaß. Aber wenn ich das mal gemacht habe, musste ich mir gleich eine große Story anhören und was mir denn einfallen würde, so was sagen zu können, schließlich wäre das gar nicht lustig. Ne, ja, ist auch nicht lustig, weil es einfach scheiße wehtut. Besonders, wenn man es dann nochmal reflektiert und sich dann einfach nur denkt: Was zum Teufel, ey!? Geht's noch? Und ja, es schmerzt noch.

Inspiration für dich bzw. was mir/uns geholfen hat

Was uns zuletzt wirklich geholfen hat, ist es die Sätze, die unser Gegenüber benutzte, einfach mal selber auszusprechen und zu verwenden. Das fühlt sich übrigens unglaublich an... unglaublich schwer, belastend, schwierig und auch seltsam. Versuch es einmal, nimm einen dieser 30 Kapitelsätze oder deine eigenen Erfahrungen diesbezüglich und teste dies mit einer guten Freundin/einem guten Freund. Wie fühlt sich das an? Wir empfanden es beide als zutiefst peinlich, widerlich und beschämend. Was muss man für ein Mensch sein, um jemand anderem das sagen zu können. Mit wahrer Liebe hat das, ohne es großartig zu analysieren, wohl eher nichts zu tun. Denk mal darüber nach und versuch es einfach. Zieh dann deine eigenen Schlüsse daraus. Spaßig ist auf jeden Fall was anderes.

> *„Eine Beziehung heißt, dass man zusammenkommt,*
> *um sich gegenseitig zu verbessern, sich zu unterstützen,*
> *sich aufzubauen, aneinander zu glauben,*
> *jemandes Frieden zu sein, nicht dessen Problem."*
> **(Quelle: poetin_official/Instagram)**

Profiblick aus der systemischen Beratung

Es steckt immer ein Stückchen Wahrheit in „War doch nur Spaß ...", Emotionen in „Ist mir doch egal ..." und Schmerzen in „Ist schon okay ...". Lacht nur einer, ist es vielleicht nicht ganz so witzig für den anderen gewesen. Gemeinsam lachen zu können und Spaß zu haben, ist elementar wichtig für eine Beziehung. Es schweißt zusammen, löst den Druck vom Alltag und macht einfach glücklich. Kinder und Jugendliche nutzen es gerne, wenn sie Mist gebaut haben zu sagen „War doch nur Spaß …“, was die emotionale Unreife dieses Satzes deutlich macht. In Beziehungen zeigt es, dass erkannt wurde, dass Grenzen deutlich überschritten wurden. Dieser Satz wird dann gerne dafür verwendet zu beruhigen, bis dann beim nächsten Mal wieder das Gleiche passiert und deine Grenzen nach und nach immer weiter verschoben werden. Merke dir – keiner hat das Recht dir zu sagen, was du kannst/dir das Gefühl zu geben wertlos zu sein und/oder deine Grenzen zu überschreiten. Auch nicht im Spaß.

29 „Ich hatte wieder einen ganz schlimmen Traum von dir ..." bzw. „Ich habe erst geschlafen, wenn er eingeschlafen war"

Perspektive aus drei Jahren Beziehung

Hochmanipulativ! Fange ich aber doch mal ganz vorne an. Gerne morgens schon kurz nach dem Aufstehen hörte ich es von meinem Gegenüber, dass er schlecht geträumt hatte. Wovon? Natürlich von meinem Fehlverhalten in den unterschiedlichsten Varianten, wovon auch sonst. Mal hatte ich es vorgezogen, in seinem Traum wieder zu dem Vater meines Sohnes zurückzugehen, mal hatte ich auf der Arbeit eine Affäre, mal war ich statt bei einer Freundin bei einem anderen Mann usw. Es gab unzählige verschiedene Träume, natürlich immer zu meinen Lasten und natürlich belasteten diese mein Gegenüber schwer. Oftmals wurde dies übrigens direkt verbunden mit der Frage aus Kapitel 25, nämlich ob ich mir sicher wäre, wirklich alles erzählt zu haben. Schlau von meinem Gegenüber, sehr schlau und unfassbar hinterhältig. Meistens war mindestens der komplette Vormittag dann gelaufen, denn ging ich nicht ausreichend darauf ein und kümmerte mich um mein Gegenüber, dann verhielt ich mich ja wieder falsch. Ich möchte noch einmal deutlich darauf hinweisen, es ging nicht um etwas, was tatsächlich passiert war, sondern um das, was mein Gegenüber angeblich Schlimmes geträumt hatte. Auch heute muss ich aber zur Enttäuschung meines Gegenübers leider mitteilen, dass ich weder zum Vater meines Sohnes zurückgegangen bin oder es vorhabe, keine Affäre auf der Arbeit habe, geschweige denn irgendwo anders. Und auch zu allen anderen ätzenden Träumen, welche mir VORGEWORFEN wurden. Nein, es waren Träume. Ich kann mit so widerlichen Dingen nicht dienen. Tut mir nicht wirklich leid.

Perspektive aus 18 Jahren Beziehung

Oh yes, so war es. Ich bin teilweise in den „akuten Phasen" erst dann eingeschlafen, nachdem er eingeschlafen war. Ich hatte Angst, im Traum etwas zu träumen und währenddessen evtl. zu reden oder etwas zu erzählen. Deswegen zwang ich mich, wachzubleiben, bis er dann in der Tiefschlafphase war. Eines Morgens kam er, nach einem Mädelsabend am Abend zuvor bei uns zu Hause, weckte mich mit den Worten: Sei jetzt endlich ehrlich, mit wem hast du nun eine Affäre!? Mit A oder mit B!? Sag es mir!!! Ich weiß es, denn ich habe gestern Abend nicht schlafen können, weil ihr zu laut wart und ich dann euch zuhören musste. Jemand von euch hat erzählt, dass er mit A oder B was hatte – es war deine Stimme. Also erzähle es mir jetzt! Dabei war es meine Freundin, die etwas von ihrer Freundschaft plus erzählt hat, und nein, meine Freundin hat eine ganz andere Stimme. Ein anderer Vorfall war auch, dass er mich morgens weinend weckte und mich fragte, ob ich mit M. fremdgehen würde!? Er hat es im Bauch, dass ich ihn betrügen würde. Ich weiß, wer M. war. Man kannte sich vom Sehen; wir haben bis heute kein einziges Wort miteinander gesprochen – aber ja, wir hatten wohl eine „stille Affäre". So wie ich mit Tausenden von Männern eine gehabt haben sollte.

Inspiration für dich bzw. was mir/uns geholfen hat

Nur du kannst entscheiden, ob du mit einem Menschen klarkommst, der so mit dir bereits morgens umgeht und seine Dämonen zu deinen macht bzw. der dich deinen gesunden Schlaf kostet. Was uns heute noch hilft im gemeinsamen Austausch, ist es, immer wieder den Spieß umzudrehen, aber bitte im positiven Sinne. Dreh einfach die erlebte Situation bzw. die gehörte Aussage um, wie würde es dir selber gehen, wenn du so gegenüber einem anderen Menschen agieren bzw. sprechen würdest? Oftmals sind wir an den Punkt gekommen, dass wir feststellen müssten, das Gesagtes genauso wie Verhalten unangemessen sind. Würdest du z. B., wenn du von deinem Partner regelmäßig schlecht träumst, ihm dies zum persönlichen Vorwurf machen, oder vielleicht erst einmal in dir selber auf die Suche nach dem Grund dafür gehen. Bei uns hat es eine ganze Weile, im Grunde viel zu lange gedauert, eines zu erkennen: Die Art und Weise wie dich dein Gegenüber behandelt, hängt nicht nur von deinen eigenen Standards ab, sondern auch von seinen. Zeigt dir ein Mann/eine Frau immer wieder, wie verletzend er/sie sein kann, dann wird sich das niemals ändern. Sagt dir dein Gefühl zudem, dass du bei dem anderen keinen großen Wert besitzt, dann wird es mit großer Wahrscheinlichkeit auch genauso sein. Arbeite damit und gehe am besten deinen Weg! Eine wunderbare Unterstützung dafür kann übrigens das Workbook & Journal „Selbstliebe" von Alina Pom sein.

„Als ich verstanden habe,
dass Menschen dich nur so behandeln können,
wie sie sich im Inneren fühlen,
habe ich aufgehört, Dinge persönlich zu nehmen."
(Quelle: higherSelf/Instagram)

Profiblick aus der systemischen Beratung

Träume können genauso realistisch und beängstigend sein wie das reale Leben. Diese spiegeln wider, was uns beschäftigt, sowohl mental als auch emotional. In Träumen verbergen sich deine Sehnsüchte und deine Ängste, genauso aber auch die entsprechenden Lösungen dafür, da das Gehirn, auch während du schläfst, weiterarbeitet. Man sagt, wenn du in deinem Alltag viel Stress, Ängste und/oder traumatische Ereignisse hast das dies sowohl mehr als auch intensivere und lebhaftere Träume auslösen kann, teilweise auch mit beunruhigenden und verstörenden Inhalten. Speziell Alpträume zeigen dir auf, was dich stark beschäftigt und belastet. Ist es nun gut oder schlecht viel zu träumen? Grundsätzlich hat man festgestellt, dass Träumen für die psychische und geistige Erholung von großer Bedeutung ist. Bei ständigen Alpträumen macht es jedoch Sinn, abends vor dem Schlafengehen statt einen spannenden Film anzusehen lieber einen entspannten Spaziergang zu machen, zu reflektieren wie viel Stress der Alltag ausmacht und zudem persönlich belastende Lebensumstände zu klären. Wer Angst hat, seinen Partner zu verlieren, träumt tendenziell von Betrug, Streit und Eifersucht. Was hilft? Sich immer wieder vor Augen zu halten das es ein Traum ist und dieser mehr über die eigenen Gedanken und Gefühle aussagt als wirklich über den Partner/die Partnerin.

30 „Ich mache dich fertig bzw. ich mache dir das Leben zur Hölle"

Perspektive aus drei Jahren Beziehung

Dieser Satz mag sich vielleicht nicht schlimmer anhören als die anderen, macht mir von allen beim Schreiben aber die meisten emotionalen Schwierigkeiten. Neben den bereits beschriebenen Drohungen mit dem Jugendamt kamen Weitere hinzu, in denen es um mich als Frau und meine Sicherheit ging. Mein Gegenüber drohte mir so schlimme und widerliche Dinge an, das ich diese noch nicht einmal niederschreiben mag. Sein Ziel hatte er auf jeden Fall erreicht, ich hatte oftmals echt Angst in vielen Situationen. Heute allerdings nicht mehr, heute habe ich Mitleid mit meinem Gegenüber – was für ein Mensch. Ein Mensch, der sich im Außen allerdings als unwahrscheinlich liebevoll und hilfsbereit darstellt. Die wenigsten wissen, wie er eigentlich wirklich ist.

Perspektive aus 18 Jahren Beziehung

Und genau dieses tat er! Ich bin wirklich durch die Hölle gegangen – mit allem Drum und Dran. Bis zum Seelentod. Mit den ganzen Beschuldigungen, Anschuldigungen, Drohungen, Vorwürfen, Eifersuchtsszenen usw. Die ersten Tage und Wochen nach der Trennung waren einfach taub, stumm, Schmerzen pur, Kälte, alles Negative auf dieser Welt. Es war der schlimmste Prozess meines Lebens. Ich habe Monate gebraucht, bis ich nur irgendwie klargekommen bin. Ich war wie unter einer Käseglocke und hatte das Gefühl, ich hatte absolut null Kontrolle über diese Situation. Ich fühlte mich so handlungsunfähig; so als ob man mir innerlich alle Entscheidungskräfte genommen hätte. Als ob ich meinen Wortschatz und meine Sprechfähigkeiten verkauft hätte und absolut nichts mehr händeln konnte. Ich war einfach nur LOST AF. Einen anderen Ausdruck finde ich leider nicht für diese Phase. Es war das schwärzeste Loch meines Lebens und ich hatte das Gefühl, es endet nie. Auch dadurch, dass er ja nicht aufgehört hat. Er hat ja weiter gemacht und dass, obwohl wir ja schon getrennt waren. Er stalkte mich und wusste immer exakt, wo ich war, mit wem und was ich anhatte. Er beeinflusste und manipuliert die Kinder und erzählte denen, dass ich mich aufgrund eines neuen Partners getrennt habe. Er erzählte allen, was ich für ein schlechter Mensch und eine schlechte Mutter ich bin, und dass ich ihn mit diversen Männern betrogen hätte. Es war mehr als die Hölle. Ich wünschte, ich könnte dies in Worten beschreiben; aber keine Chance, so was ist nicht in Worte zu fassen.

Inspiration für dich bzw. was mir/uns geholfen hat

Entspannt und zufrieden kann man irgendwann gar nicht mehr sein, wenn man sich in einem Umfeld befindet, in welchem Drohungen ausgesprochen werden, welche wirklich Angst machen. Ein Leben in körperlicher und emotionaler Sicherheit funktioniert so auf jeden Fall nicht und hier ist es tatsächlich wichtig, den Tatsachen irgendwann einmal ins Auge zu sehen. In dem Moment, wo du feststellst, dass du dich bei Stress mit deinem Gegenüber wie gelähmt fühlst und „tot" stellst, die Flucht ergreifst aus Angst oder aus der Wut heraus mit Angriff reagierst, bist du in deinem absoluten Überlebensmodus angekommen. Vielleicht ist das der Moment, in dem du für dich mal auf folgende Bereiche blickst: Spaß/Gesundheit/soziales Engagement/ persönliche Entwicklung/Arbeit/Erfolg bei eigenen Zielen/Beziehungen zu anderen Menschen/Liebe. Wo stehst du in diesen Bereichen in deinem Leben von sehr zufrieden bis vollkommen unglücklich? Mal es dir auf ein Blatt Papier. Der Blick genau darauf hilft dir zu sehen, wo du stehst, holt deine Gedanken aus dem Kopf und hilft dir bei einer ehrlichen Bestandsaufnahme.

Das tut bestimmt auch weh, hilft dir aber so sehr zu sehen, was sich ggf. verändern muss. Was du verändern musst. Denn niemand anders kann die Verantwortung für dein Leben tragen... nur du! Zum Glück! Kümmere dich um dich selbst und nicht um Menschen, die dich verletzen wollen. Schau genau, wer dir guttut und mit wem du dich wohl fühlen kannst.

> *„Ein echter Mann könnte dir niemals wehtun ...*
> *Weißt du, warum ...?*
> *Weil es ihm selbst wehtun würde."*
> **(Quelle: Erkan Memetoglu/Instagram)**

Profiblick aus der systemischen Beratung

Tschüss sagen, sich nicht wiedersehen, kein Happy End und nicht mit dem Pony gemeinsam dem Sonnenuntergang entgegenreiten, das kann sehr wohl eine sehr gute Entscheidung für dich sein. Eine Trennung ist hart und schwer, vielleicht auch schrecklich und macht traurig, aber es wird auch wieder gut. Aus dem WIR wird in diesem Moment wieder ein ICH und niemand kann dir da raushelfen außer eben du selber. Schwups ist sie da, (d)eine neue Lebenssituation – du lässt aber vielleicht von dem los, was dich belastet und nicht glücklich gemacht hat. Du bekommst die Chance, deinen Körper, deine Seele und deinen Geist wieder in Ordnung zu bringen. Du weißt, dass Umkehren der Weg in den Abgrund wäre, macht es also Sinn, diesen Weg weiterzugehen? Nein. Du wirst eine neue Freiheit spüren. Jeder Tag wird dir dafür neue Erkenntnisse schaffen und dir Chancen bieten, etwas über dich zu lernen. Du möchtest Frieden und Harmonie in deinem Leben, dafür bist du ganz alleine verantwortlich. Jede Trennung ist eine Chance und zwingt uns dazu, unsere Komfortzone zu verlassen und raus ins Leben zu gehen. Das Ganze zu verarbeiten braucht seine Zeit, bei schwierigen Beziehungen vielleicht noch ein bisschen mehr Zeit. Mach jetzt das, was dir guttut. Blicke realistisch auf die Beziehung, die du hattest, und warum du diese jetzt nicht mehr hast. Stell dich als Mensch nicht infrage. Sei egoistisch und denk an dich selbst und ruf deine Freundin und/oder Familie an, mit denen du viel schöne Zeit verbringen solltest. Sei dankbar, glücklich auch über kleine Dinge und offen für neue Menschen in deinem Leben. Liebst du dich so, wie du an der Seite deines Gegenübers bist? Falls nein, ist es wahrscheinlich Zeit zu gehen.

Was ich die letzten drei Jahre noch zu hören bekommen habe ...

Vielleicht kommt es euch bekannt vor. Auch wenn ich dazu nicht explizit mehr schreibe, so möchte ich dennoch diese Aussagen erwähnen und ganz deutlich machen, das geht gar nicht im zwischenmenschlichen Umgang. Es ist primitiv und widerlich, mit einem anderen Menschen so zu reden, egal, in welcher Beziehung man zueinandersteht.

- „Ich spiele deine Spielchen nur mit. Du bist mir schon lange scheißegal. Ich nutze dich nur aus."
- „Eine Frau wie dich möchte ich nicht an meiner Seite haben."
- „Meine Freunde/alle anderen denken auch so über dich wie ich."
- „Du bist nur zum F... gut."
- „Wenn du wirklich an die Beziehung glauben würdest, hättest du das Gemeinschaftskonto schon wieder eingerichtet."
- „Ich breche dir deinen Kiefer/ich verunstalte dir dein Gesicht."
- „Du hast es nicht anders verdient."
- „Deine Mutter im Grab f... jetzt die Türken."

Eines ist mir heute klar, mein Gegenüber aus meinem Leben zu entfernen hat dazu geführt, mich wie neu geboren zu fühlen. Es ist nicht einfach und schwierig, dies zu schaffen. Vergiss aber nie, du bist stärker als dein Gegenüber. Das weiß er, deshalb hat er dich ja ausgesucht. Hör also zu, was dir deine Intuition über die Menschen in deinem Leben sagt. Mir ist klar geworden, dass ich im Grunde immer das Gute im Menschen sehe. Das ist naiv? So bin ich und das ist auch gut so. Das lasse ich mir nicht nehmen, auch wenn es mich in den letzten Jahren sehr viel gekostet hat. Noch arbeite ich daran, meinem Gegenüber dankbar zu sein für das, was er mir alles angetan hat. Denn ich bin daran gewachsen, selbstbewusster, motivierter, schlauer und stärker als je zuvor. Er muss mit seinen miesen Verhaltensweisen klarkommen und ich habe nur geschrieben über seine Worte. Die Taten, wie mich bespucken, Flüssigkeiten über den Kopf zu gießen, mich zu schubsen, ins Gesicht zu patschen, Wäschekorb oder Handtasche über meinem Kopf auszuleeren, mir versehentlich mehrmals die Lippe blau zu schlagen … haben das ein oder andere Wort von meinem Gegenüber noch deutlich in den Schatten gestellt. Ich bin nicht stolz auf mich, dass alles ertragen und mich irgendwann genauso gewehrt zu haben. Stolz bin ich aber darauf, mich gelöst zu haben von dem, was mir geschadet hat. Übrigens stimmt es nicht, dass man in der Wut Dinge sagt, die man nicht so meint. Wenn man wütend ist, sagt man Dinge, für die man sonst nicht den Mut hätte. Warum erwähne ich das? Weil mein Gegenüber alles immer begründete, dass er wütend schlimme Dinge sagt und tut. Aha, tu das gerne weiterhin, aber bitte irgendwo anders. Es ist nämlich schlimm, wenn einem anderen Menschen wehtut, vor allem in einer Beziehung, und dann auch noch so tut, als wärst du schuld an dem Ganzen. Als hätte man selber den anderen dazu gebracht, sich so zu verhalten. Lass dir das nie einreden. Ein guter Freund sagte einmal zu mir „Dein Gegenüber ist nur dann unsicher und verhält sich entsprechend, wenn er/sie genau weiß, dass du etwas Besseres verdienst oder jemanden finden wirst, der besser ist als er/sie." Konkret kann dein Gegenüber nicht anständig mit dir reden oder sich nicht vernünftig verhalten, obwohl er/sie sauer auf dich ist, sondern versucht stattdessen, dich fertigzumachen, dann hat er/sie keinen Respekt und dich nicht verdient. Das Gleiche gilt übrigens auch für dich.

Was ich die letzten 18 Jahre noch zu hören bekommen habe ...

Leider eine ganze Menge ...

- ... ich wünsche dir einen Kanaken, der dich schlägt, vergewaltigt und misshandelt.
- ... Reisende soll man nicht aufhalten – da ist die Tür, kannst gehen.
- ... deine Suppe hast du dir eingebrockt, also löffle deinen Scheiß selbst aus.
- ... komm von deinem hohen Ross runter.
- ... schraub mal deine Erwartungen runter, sonst bekommst du nie eine Wohnung.
- ... dein Lehrling gibt dir ein Getränk aus!? Der will was von dir!!! Welcher Lehrling kann sich denn sowas noch leisten?! Du merkst ja nicht, dass er was von dir will.
- ... hat ja eh keine Zukunft mit uns, wenn du mir kein Enddatum nennen kannst, bis wann du dich entscheidest, zurückzukommen.
- ... als ob ich dich hier eingesperrt hätte, kannst doch tun und machen, was du willst.
- ... deinem Psychologen müsste die Zulassung entzogen werden.
- ... hast keine eigene Meinung.
- ... und wirst du schon auf der Arbeit vermisst? Warst doch jetzt paar Tage krank, hast bestimmt schon Tausende Nachrichten bekommen.
- ... dir wurde dein ganzes Leben alles in den Arsch geschoben.
- ... heul nicht, wenn du gekündigt wirst.
- ... wirst eh auf der Arbeit ausgenutzt.
- ... hast die ganze Trennung eh schon lange geplant.
- ... du Heilige warst gestern in der Kirche!? Warum? Um deine Sünden wegzubeten? Du heiliges Ding.

- ... wem willst du Stärke beweisen? Du bist nicht stark.
- ... du hast null Emotionen.
- ... hast dich einfach verpisst und mich mit den Kindern alleine gelassen.
- ... mein Ultimatum steht, wenn du bis dahin nicht zurückkommst, ist alles vorbei.
- ... trag dich aus dem Grundbuch aus.
- ... glaub mir, du wirst dich an meine Worte erinnern und dann alles bereuen.
- ... deine Leichen finde ich auch noch und dann kannst du mir schön alles erklären.
- ... oh, kommst du mit der Wahrheit nicht klar? Tut weh, ne!?
- ... auf deinen Hirnfick habe ich keinen Bock mehr.
- ... du lügst so viel, dass du nicht mal die Wahrheit kennst.
- ... leb dein Leben. Feier deine geilen Partys. Schöne Reise.

Puh ...

Autoren dieses Buches

Die zwei Autoren dieses Buches schildern herausfordernde und beschämende Erlebnisse aus dem reellen Leben.

Für die Einwertung des Erlebten aus systemischer Sicht wurde in Abstimmung mit beiden Autoren eine neutrale und unabhängige Co-Autorin hinzugezogen – Frau Stefanie Sannwaldt.

Nach ihrer Ausbildung zur Bankkauffrau und einem Wirtschaftsstudium in Medienkommunikation, mehrere Jahre im Presse- und Öffentlichkeitsbereich sowie im Vertrieb tätig. Mit dem Wechsel zu einer Unternehmensberatung und diversen Weiterbildungen begleitete sie zehn Jahre lang deutschlandweit regionale Kreditinstitute als Vertriebstrainerin und Business Coach. Mit Gründung einer Familie verlegte sie ihren Tätigkeitsbereich wohnortnah und arbeitete bei unterschiedlichen Kreditinstituten in der Personalentwicklung als Coach. Nach diversen Weiterbildungen zum systemischen Coach ADG, Personalbetriebswirtin, IHK, Coach und Spieler Trainer, StyleCoach, zertifizierte Ausbildung in der Hypnotherapie bei International NLP arbeitet sie derzeit schwerpunktmäßig als PersonalCoach.

Mehr über Stefanie Sannwaldt und Ihr mögliches Unterstützungsangebot unter Granpassio.com.

Schlusswort und Widmung aus der Perspektive der dreijährigen Beziehung

Ich möchte niemals eine Entschuldigung von meinem Gegenüber haben. Er hat getan, was ihn scheinbar glücklich macht, aber auf Kosten meiner Gefühle. Vielleicht kann ich das mittlerweile besser verstehen, respektieren aber werde ich es niemals. Rache? Nein danke. Das Leben meines Gegenübers ist schon erbärmlich und Strafe genug, wenn man eine Rolle nach außen spielen muss, die gar nicht existiert. Ich habe meine Learnings daraus gezogen und hoffe, anderen damit helfen zu können. Selbst jetzt, an dem Punkt, wo ich vieles niedergeschrieben habe, kommt es mir immer noch surreal vor, was ich alles erlebt habe, und es fällt mir schwer zu akzeptieren, dass dies wirklich alles passiert ist. Gerne erinnere ich mich auch heute noch an unsere schönen Momente, diese sind es auch, die mich immer noch sehr traurig machen. Ich habe mich so unglaublich geborgen gefühlt und weiß dennoch bis heute nicht, ob das eigentlich wirklich echt war von der Seite meines Gegenübers. Lange habe ich an den guten Momenten festgehalten, umso härter hat es mich im Endeffekt getroffen, als ich entschieden habe loszulassen. Und ja, es tut mir immer noch weh. Ich fühle mich ausgenutzt und emotional missbraucht, frage mich, wie ein Mensch nur so sein kann. Im Grunde hat mir mein Gegenüber zwei Gesichter gezeigt. Viel zu lange habe ich mich nur der guten Seite zugewandt und versucht, die andere Seite auszublenden. Mittlerweile habe ich aber gelernt, meine Gefühle diesbezüglich zuzulassen und für mich zu nutzen. Da war ich in meiner persönlichen Entwicklung vorher eben noch nicht. Gerne hätte ich meine Mum an meiner Seite gehabt in dieser Zeit. Gerne hätte ich genau jetzt mit ihr darüber gesprochen, was ich erlebt habe und wie unglaublich weh es mir getan hat und immer noch tut. Darum widme ich ihr alle meine Zeilen, jedes Wort und danke ihr für alles, was sie mir als starke Frau für mein Leben mitgegeben hat.

Schlusswort und Widmung
aus der Perspektive der 18-jährigen Beziehung

Ich weiß gar nicht, wo ich wirklich anfangen soll. Es fällt mir so
schwer, überhaupt etwas zu schreiben. Es schnürt mir die Keh-
le zu – macht mich aber gleichzeitig so stolz und frei. Ich habe
das Gefühl, dass ich atmen kann. Tief atmen und einfach ich
sein kann. Mir schießen Tränen in die Augen, während ich das
hier schreibe. Ich bin teilweise so gelähmt, aber dennoch will
alles aus mir raus. Also ein komplettes Chaos im Herzen und
im Hirn. 2022 war für mich das schlimmste, schrecklichste und
schwerste Jahr. Alle die Tränen, die ich geweint habe; die könn-
ten Wannen füllen. Aber jede Träne hat mir gezeigt, wie stark
die Verletzungen in mir sitzen. Wie heftig meine Seele gelitten
hat und immer noch leidet. Es tut mir leid, meine Seele.

Natürlich gab es auch unzählige schöne und positive Momente; dafür danke ich meinem Ex-Mann von ganzem Herzen. Vielen
Dank dafür! Vielen Dank auch für unsere wunderbaren Kinder.
Aber die Beschuldigungen, Anschuldigungen, Eifersuchtsszenen,
Drohungen usw. sitzen einfach viel zu tief in meinem Herzen;
vielleicht auch tiefer, als die Liebe dringen kann. Ich weiß, dass
keiner von uns perfekt ist, aber dennoch weiß ich zu hundert
Prozent, dass keiner auf dieser Welt emotionale Gewalt verdient
hat (körperliche Gewalt nicht ausgeschlossen!). Ich finde, dass
jeder die große Liebe verdient. Liebe von ganzem Herzen. Die
Liebe, die dich schweben lässt. Liebe, die nicht in Worten be-
schrieben werden kann, sondern nur gefühlt werden kann. Ich
weiß, dass die gesagten Worte einfach in meinem Herzen bleiben
werden. Ich weiß, dass ich damit immer wieder kämpfen werde. Ich weiß, dass meine Seele immer noch weint und vielleicht
noch länger weinen wird. Aber ich weiß auch, dass es irgendwann mal vorbei ist und ich wieder die Liebe (auch als Gefühl)
in mein Leben lassen kann und werde. Bis dahin werde ich wei-

terhin an dem härtesten Projekt arbeiten. Das Projekt namens ich! This chapter it's called my turn! Es war und ist bis jetzt die härteste Arbeit, die ich wuppen musste. Aber ich weiß, dass es sich lohnt. Das Schönste ist, wenn man sich selbst findet, nachdem man alles verloren hat. Es ist schön zu sehen, wie sich alles fügt, ob man es glaubt oder nicht, aber alles findet sich. Früher oder später, man muss nur Geduld haben.

Das letzte Jahr wünsche ich niemandem. Auch nicht meinen Feinden würde ich so was wünschen. Es war undefinierbar und hat mich als Persönlichkeit komplett gebrochen. Aber ich bin (wieder) da – das neue Ich! Und ich werde weiterhin an mir arbeiten, um alle Programmierungen, Manipulationen, Gewohnheiten, Glaubenssätze usw. zu eliminieren, die nicht zu mir gehören. Ich werde weiterhin zur Therapie gehen, und zwar nicht, weil ich krank bin, sondern, um mich von kranken Menschen heilen zu lassen. Ich bin gesund und gehe deshalb zur Therapie und ich stehe auch dazu und bin stolz auf mich und diesen Weg. Ich könnte hier noch weitere Seiten füllen, aber dafür ist leider kein Platz mehr, denn ich bin auf dem Weg zu meinem Glow.

Ich widme dieses Buch einem bestimmten Menschen. Ich danke „Dir", dass ich durch deine Geschichte meinen Mut zusammengefasst habe und den Schritt der Trennung gemeistert habe. Du bleibst für immer in meinem Herzen! Auch widme ich dieses Buch meinen Töchtern, dass denen so was nie passiert, sowie allen Frauen und Mädchen auf dieser Welt.

Die größte Liebe geht an meine Eltern raus – Mama und Papa, ich danke euch für alles! Ohne euch wäre ich mehr als verloren. Ich kann meinen Dank sowie meine Liebe nicht in Worte fassen.

... FÜR AUTOREN A HEART FOR AUTHORS À L'ÉCOUTE DES AUTEURS MIA ΚΑΡΔΙΑ ΓΙΑ ΣΥΓΓ
... FÖR FÖRFATTARE UN CORAZÓN POR LOS AUTORES YAZARLARIMIZA GÖNÜL VERELIM SZ
... PER AUTOR(ET HJERTE FOR FORFATTERE EEN HART VOOR SCHRIJVERS TEMOS OS AUT
... ZÖNKERT SERCE DLA AUTORÓW EIN HERZ FÜR AUTOREN A HEART FOR AUTHORS À L'ÉCO
... AÇÃO BCEЙ ДУШОЙ К АВТОРАМ ETT HJÄRTA FÖR FÖRFATTARE Á LA ESCUCHA DE LOS AUTC
... ... MIA ΚΑΡΔΙΑ ΓΙΑ ΣΥΓΓΡΑΦΕΙΣ UN CUORE PER AUTORI ET HJERTE FOR FORFATTERE EEN
... ARLARIMIZ ... ... SERCE DLA AUTORÓW EIN HERZ FÜ
... SCHRE ... ... ШОЙ К АВТОРАМ ETT HJÄRTA FÖ

Die Autorinnen

Hinter Kerema el Christa verbergen sich zwei Frauen,
beide in Deutschland lebend. Beide Mütter und
dennoch beruflich erfolgreich mit jeweils Studium
und zahlreichen Fortbildungen ihren Weg gehend.
Privat legen beide Wert auf Fitness, viel Lesen und
sich damit einhergehend weiter zu entwickeln und
zu wachsen. Das Leben einfach zu genießen und sich
den täglichen Wundern und schönen Momenten zu
öffnen ist nach einem schwierigen Weg beider Fokus
geworden. „Now" ist ihr Erstlingswerk, mit dem sie
anderen Menschen, egal ob Frau oder Mann, helfen
möchten den eigenen Weg zu erkennen und vor
allem inspirieren wollen diesen auch zu gehen.

Der Verlag

Wer aufhört besser zu werden, hat aufgehört gut zu sein!

Basierend auf diesem Motto ist es dem novum Verlag ein Anliegen, neue Manuskripte aufzuspüren, zu veröffentlichen und deren Autoren langfristig zu fördern. Mittlerweile gilt der 1997 gegründete und mehrfach prämierte Verlag als Spezialist für Neuautoren in Deutschland, Österreich und der Schweiz.

Für jedes neue Manuskript wird innerhalb weniger Wochen eine kostenfreie, unverbindliche Lektorats-Prüfung erstellt.

Weitere Informationen zum Verlag und seinen Büchern finden Sie im Internet unter:

www.novumverlag.com